ロシアの正しい楽しみ方

「勝手にロシア通信」編集部

ロシアの正しい楽しみ方◆目次

第1章 モノ

まるごとクンストカメラ（珍品コレクション）

第2章 旅

プロブレーマなロシアへ行こう

第3章 暮らし

ロシア人ってこんな人たち

第4章 番外編

もうちょっとロシアを知りたい人へ

連載 北方領土がほしいだなんて誰が言った？

はじめに

キミたちは間違っている！　ロシアをなんと心得る。

「寒い」「恐い」「よくわからない国」「何もない国」「キョーミない」

そうでしょう、そうでしょうとも。ウォッカ、カリンカ、バラライカ。ペチカ、ボルシチ、サモワール。共産党とスパイの国、第二次世界大戦で日本を裏切った卑劣な国、そしてソ連崩壊後は一転して、物不足の貧しい国……。日本における「ソ連・ロシア」のイメージは、この程度のものではないかと推測される。

初めて彼の地を踏んだ時、こうしたステレオタイプな「ソ連・ロシア」のイメージと、おトボケな現実とのギャップに、正直言って面食らった。一九九〇年春のことである。すでにペレストロイカの時代、混乱のなかでソ連は大きく変わろうとしていた。なんなのだ、この国は……。あまりにも不可解なことが多すぎて、もっとよくこの国を知りたいという思いは募るばかりで、翌年再訪。すると今度は、社会主義国「ソ連」が消滅し、新生ロシア時代が始まろうとしていた。当然ながら、混乱はますますひどくなり、ますますわけのわからない国になっていた。

けれども、それなのに、いや、それだからこそ、気づいた時にはすっかりこの国の虜になっていたのである。

さて我々は、ロシア研究者でもなければ、ロシア語の達人でもなければ、頻繁にロシアを訪れているわけでもなく、ただ、「ソ連・ロシア」なるものを定点観測してきたにすぎない。ところがこのたび、旅行人編集部より、単行本出版という奇特な（あるいは無謀とも言うべき）お申し出と甚大なるご協力を賜るにいたり、この国の楽しみ方を伝授することになったしだいである。

フツーじゃないこと、理解しがたいこと、不便なこと。いろいろあるさ、ロシアには。それをいったい、どう楽しめばいいのか。ここはひとつ、知人の名言を借りて、「ビックリすればいいじゃない」というお言葉を授けよう。プロブレムに遭遇したら、腹を立てたり、不平をこぼしたりするのではなく、とりあえずビックリして、それから笑えばいいのである。

もちろん、バカにして笑うのではない。嬉し恥ずかし滑稽ロシアに、愛しさと敬意を込めて、笑うのである。

そしてこれだけは言っておこう。ネガティブな偏見を抱いている人には、ロシアは決して心を開いてこない。だからますますロシアは遠のいてしまうのである。逆にひとたび、こちらが素直な好奇心をもって近づけば、必ずやロシアの重たい扉は開かれるであろう。

ようこそ！　プロブレムの国ロシアへ――。

「勝手にロシア通信」編集部

＊本書は主に一九九〇年代、ソ連からロシアへの過渡期に現地を訪れた際の体験や印象をもとにしたものであり、したがって国名、地名などは当時の名称に基づくものである。

＊本書の一部は、「勝手にロシア通信」（一九九二年創刊号から一九九八年号）、日刊「レディ・コング」連載『何よりも滑稽なペレストロイカ』（一九九一年）、「遊星通信」掲載『旧ソ連軍なんか恐くない!?』（一九九三年）、「旅行人」連載『僕の無事を祈ってくれ』（一九九四年から二〇〇一年）より抜粋したものをもとに、大幅に加筆・修正したものである。

第1章
モノ

まるごとクンストカメラ（珍品コレクション）

ЧАСЫ 時計

ロシアで初めて買ったものは、昔懐かし手巻き時計。名も知れぬ闇商人にいざなわれ、いざ行かん、アナログの国へ――。

ヴォストーク製の軍用時計は、'90年当時、闇屋の言い値で2〜3,000円。店頭ではベルトなしの本体価格46ルーブル50カペイカ（約1,000円）。日本のデパートでは革ベルト付き28,000円で売られていた。さて一番ボッてるのは誰？

ジス・イズ・ベリーグッド ペレストロイカ・Tシャツ
商品の時計はいつでも見せられるように腕にはめている
アイウォント ジャパニーズ YEN
年季の入ったショルダーバッグの中からこそこそと商品を見せる
安っぽいレザーのベルト これは磁石が付いているタイプ

一九九〇年、ハバロフスク空港ターミナル。重たい木の扉を押して一歩外に出る。夕闇のなかにうっすらと浮かび上がる白樺並木、半世紀前のまま時を止めたロシア・アヴァンギャルド風の巨大な看板。ああ、ついに来た憧れのロシア……‼

「ハーイ、時計買わない？」

誰やおまえ⁉　感傷をブチ壊すダミ声の主は、ハンチングに革ジャンという身なりの若造。ソ連で初めて出会ったロシア人、それは、ソ連軍の軍用時計を旅行者に売りつける闇商人であった。いつの間にか彼は、我々の荷物を手にとり、トロリー乗り場までズリズリと引きずっていく。

「インツーリスト・ホテルだろ。さあ、乗って」

そりゃ言われなくても乗るけど、なんであんたまでついてくるのよ。おまけにトロリーのキップ代を払ってくれたうえに、勝手にガイドと化す男。

「ほら、あれがレーニン広場。気温は今、十二度……で、時計なんだけど二〇〇〇円でどう？　オレ、来月名古屋に行って日本車買うんだ。日本円が必要なんだよ。え、ルーブル？　いらないよ、そんなもん。ねー、そのジーパン売ってくんない？　ストッキン

こちらはスラーヴァ製のクオーツ時計。「時」より「分」に重きを置いた文字盤のデザインはなかなか（本体のみの販売）。

行きずりの青年アンドレイ（p134参照）が、別れ際にサラリとくれたヴォストーク製の腕時計。

レトロで可愛い懐中時計は、チャチな鎖がイマイチ。ロシアの時計はどれもザラ紙の保証書つき。

新生ロシアになってからのオシャレ時計。細工はきれいだが、一度留め金をはめたが最後、外れなくなるのがご愛嬌。チャイカ製。

グでもいいよ。あした女房の誕生日だから……」

ああもう、うるさい。まくしたてる男に根負けし、トロリーを降りたところで軍用時計を購入。だが、これで済むと思ったのは甘かった。

「キャビアもあるから煙草と交換しようぜ。一時間後にホテルの前で、きっとだぜ！」

一時間後、むろん我々は約束をすっぽかし、ホテル内を探索していた。が、ここにもいた闇商人！

「ハロー、ルーブルと円と交換しようぜ」

「時計買わない？」

「いや、オレの時計のほうがサイコーだってば」

気づけばクマのようなムサイ男たちに、取り巻かれているではないか。そこへ先ほどの兄ちゃん現れ、

「おまえら、オレの客に手を出すんじゃねー！」と一喝するや、クマ男たちはわらわらと退散。

「ねぇキミたち、なんで来てくれなかったの。約束したじゃない。煙草くれよぉ。カミさんにストッキング……子供にチューインガム……」

な、な、なんなんだ、このウザイ人たちは。「憧れのロシア」の幻想は、早くもこの時、ガラガラと音をたてて崩れ落ちていったのだった。

СИГАРЕТЫ 煙草

今や輸入煙草に押され気味のロシア煙草だが、ソ連時代はこんなに種類豊富だった。野趣あふれるキツイ味も懐かしい。

新登場

新生ロシアに登場した「ピョートル1世」。ロマノフ王朝の紋章、双頭の鷲をモチーフにしたサンクトペテルブルクの新ブランド。

これぞ全ソビエト労働者の煙草「ヤーバ」（ジャワ）。ウーロン茶のように等級があるらしく、これは庶民派にふさわしく4等級。

濃紺の地にロケットと赤い星。シンプルな図案のなかに宇宙開発大国の誇りをにじませる「コスモス」（宇宙）はソ連時代を代表する銘柄だった。

あれよあれよという間の出来事だった。早朝のモスクワに到着した、夜行列車「赤い矢号」から降りるしたくをしていると、どこからともなく制服姿のポーターが現れ、我々の荷物をテキパキと運び始めた。

「へー、ソ連にもこんなサービスがあるのか」

「それしても、やけに足の早いやっちゃなー」

ところがである。このポーター、ホームから駅舎へ入るかと思いきや、突如左折して小汚い駅裏に向かっていくではないか。そこに待ちかまえていたのは、赤い車。しまった、闇タク。こいつらグルだったのかっ！　気づいた時はすでに遅い。どうせ正規のタクシーさえ当てにできないモスクワだ。我々はおとなしくヒゲの運転手の車に乗ることにした。

「どうする？　料金交渉」

「いいとこ三〇ルーブルだね」

はたしておっちゃんの言い値は「五〇！」

「いやさ三〇！」

「だめだ四〇！」

そこで我々おもむろにマルボロ取り出し「三〇にこいつをつけたる！」と大見栄を切る。

「スタリッチヌィエ」（首都）。赤い星が目印。

お菓子の箱みたいに可愛い「トロイカ」。

表に堂々と喫煙の害を謳う「モスコフスキエ」。

素朴さではヤーバに次ぐ「ペガス」（天馬）。

「ロッシースキエ」はロシア民話集の装丁風。

香りつき煙草「ザラトエ・ルノ」（金の羊毛）。

赤地に金のロゴが映える「ドルック」（友達）。

こちら右と同じ「ヤーバ」印でも１等級。

「ＯＫ！」と商談成立。ま、結論から言ってボラれたことに変わりはないが、この時初めて噂に聞いていたマルボロの威力を思い知ったのであった。

一九九〇年当時のソ連では、マルボロは「通貨」だった。「満席のはずのレストランも、袖の下にマルボロを渡せば、即座に席が用意される」とか「タクシーを止める時はマルボロを振れ」とか、マルボロ神話がまことしやかにささやかれていた。値段的には、外国煙草ならなんでもよさそうなもんだが、遠めからもそれとわかる赤白のパッケージは、ロシア人をいたく刺激したのである。

だが、それからわずか一年後、ソ連崩壊直後のモスクワでは、高いながらもマルボロが売店で買えるようになっていた。やがてロシアにもマルボロ工場が誕生。しだいにロシア煙草は片隅に追いやられ、今じゃ「洋モク」だらけである。

ロシア人よ、キミたちの煙草は「ヤーバ」や「コスモス」ではなかったのか。キャピタリストの陰謀から目を覚ましたまえ！

……おっと、いかん。これじゃ思いきりジリノフスキー（p64参照）の思うツボだ。

ロシアで煙草はこう使え！ 煙草好きのロシア人と仲良くなるには煙草外交が一番。

どうするんだ、マッチのラベル

煙草外交にライターは欠かせないが、ロシアではマッチ文化も健在だ。モスクワの本屋にて、マッチのラベルを集めたカタログ（写真・左ページ）を発見。製造年、サイズ、色など事細かなデータが記されており、ことに戦時中のラベルは、プロパガンダ芸術としても特筆に値する仕上がりである。これはわかるんだけど、かたや、お菓子のオマケみたいな小さな紙切れの束が「マッチのラベル」と称して売られていたのはいったい何？　いちいちマッチ箱に張りつけて楽しむ人がいるってこと⁉

「積み荷はしっかり留まっていますか？　出発前に確認しましょう」。トラック野郎のマッチにはこんなラベルが張られているのか？

НАРКОМЛЕС
ГЛАВСПИЧПРОМ
ФАБРИКА
ИМ.
ЛЕНИНА
БЕЗОПАСНЫЕ
СПИЧКИ
ФАБРИКА ИМЕНИ ТОВ.
ЛЕНИНА
ХОТИТОВО. Новгор. губ.
НАРКОМЛЕС
ГЛАВСПИЧПРОМ
Ф-КА
ПРОЛЕТАРСКОЕ
ЗНАМЯ
ЧУДОВО
ЛЕНОБЛАСТИ
ЦЕНА 3 КОП.
ФАБРИКА
ПРОЛЕТАРСКОЕ ЗНАМЯ
ФАБРИКА
ДЕМЬЯН БЕДНЫЙ
ПРОФСОЮЗОВ
Ф-КА ИМ. Т. ЛЕНИНА
ХОТИТОВО ЧУДОВСК. Р-НА
РАБОЧИЕ, РАБОТНИЦЫ, ГОТОВЬТЕ
РАПОРТА БОЛЬШЕВИТСКИХ ПОБЕД
К 9-МУ СЪЕЗДУ ПРОФСОЮЗОВ
НАРКОМЛЕС ГЛАВСПИЧПРОМ
СС
СР
ДЕМЬЯН БЕДНЫЙ
НАРКОМЛЕС
ГЛАВСПИЧПРОМ
С.С.С.Р.
СССР
ФАБРИКА
КРАСН. ОКТЯБРЬ
КАТАЛОГ
ЭТИКЕТКИ
СПИЧЕЧНЫХ
ФАБРИК
СЕВЕРО-ЗАПАДА
РСФСР

КОНФЕТЫ 菓子

素朴な絵柄の包装紙についついつられ、買いに買ったりお菓子の数々。ひと口食べれば郷愁に浸れること請け合いだ。

上は'90年頃、右は最近のビスケット。包装紙は変わっても、味は今も昔も素朴系。

あれは何!? キオスク（p114参照）の前に、デコレーションケーキを買い求める人々の行列ができていた。時はソ連時代、デコレーションケーキなんて貴重品だ。ようし、並べ！ 早くも口のなかにバタークリームの味が広がる……。ところが、あと数人というところで「売り切れました」。なんだよー、がっくり。だが冷静になって考えると、いや、冷静にならなくてもだが、旅行中にデコレーションケーキを買ってどーするんだ！

ケーキはやめよう。キャンディやチョコレートならお手頃だ。だが……食料品店に入ってみれば、お菓子は全部計り売り。これを少々、あれを少々と店員にやな顔されながらお菓子を求める肩身の狭さよ。

しかーし！ 新生ロシアには軒並みスーパーが登場。帰国前に余ったルーブル（p50参照）を使い切るのに、これ以上の場所はない。チョコレートでしょ、キャンディの袋詰めでしょ、あら、こっちのとあっちのと包装紙が違うからコレも買おうっと……。

なんで旅先ではお菓子のバカ買い衝動に駆られるのか。そして捨てるに捨てられない包装紙の山が、今なおダンボール箱の奥底に眠っているのである。

上5つは旧作、下2つは比較的新しいチョコレート。チョコはロシアの名菓である。と少なくともロシア人はそう思ってる。確かに歴史ある工場もあるし、現在では化粧箱入りの土産用チョコも登場。でも、口の肥えた日本人には、この単調な味の奥にあるロシア臭さ、理解できんだろうなー。

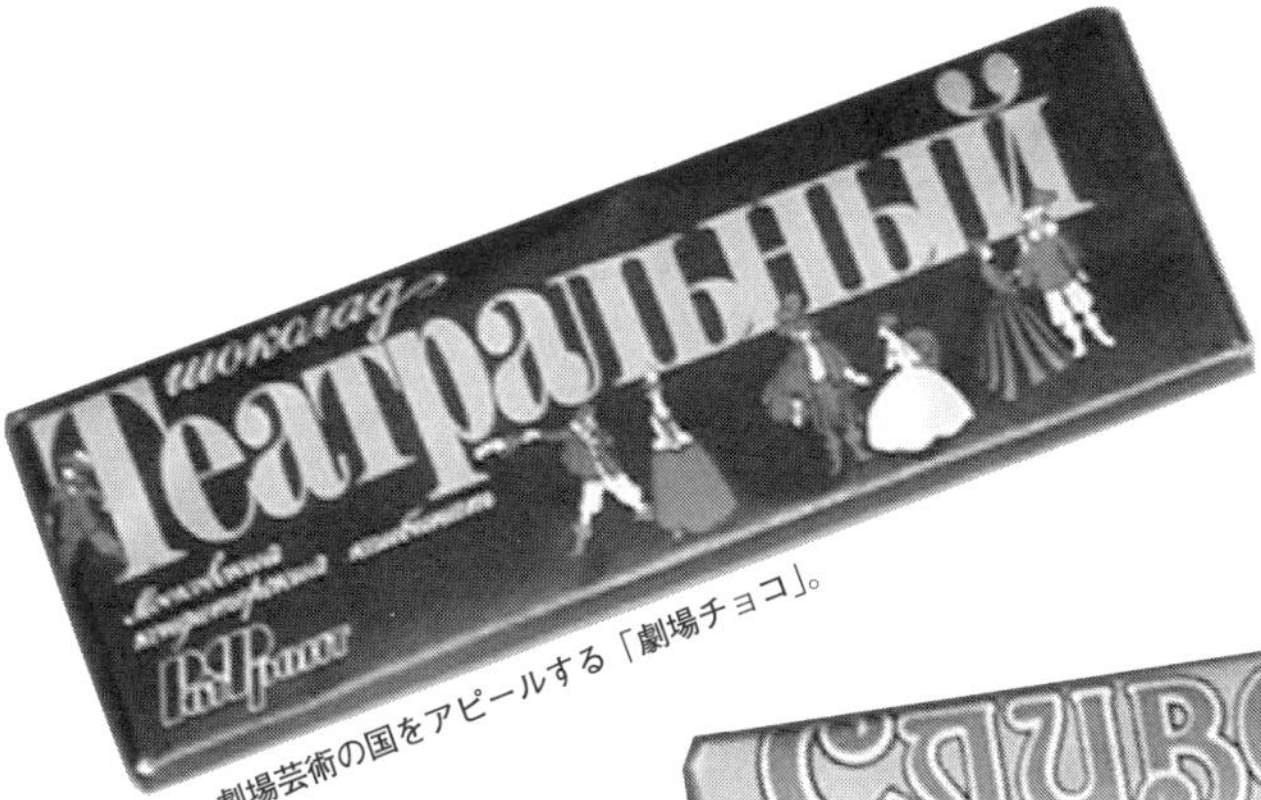

劇場芸術の国をアピールする「劇場チョコ」。

粉ミルク入りのクリーム・チョコレートも。

無邪気すぎる宇宙への夢を誘う「子供チョコ」。

お菓子工場そのものを図案化するこの自信。

これは可愛い「サーカスチョコ」。

モスクワの有名チョコ工場「赤い十月」の最近作。
さすが観光客受けする図柄を心得ておられる。

ボリショイ劇場を描いたこちらのチョコもガイジン受け狙い。

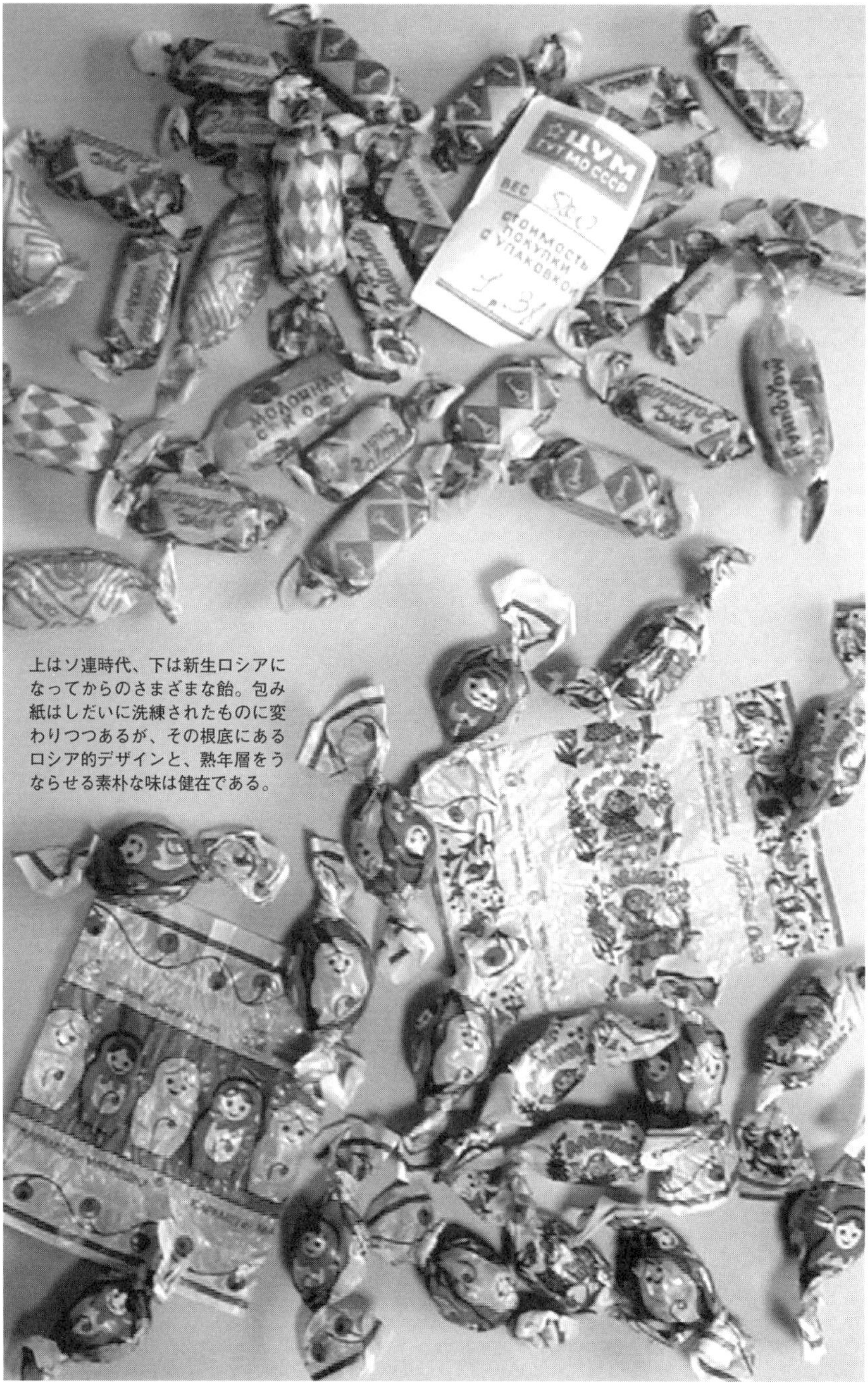

上はソ連時代、下は新生ロシアになってからのさまざまな飴。包み紙はしだいに洗練されたものに変わりつつあるが、その根底にあるロシア的デザインと、熟年層をうならせる素朴な味は健在である。

帝政ロシア時代を伝える華麗なる内装。

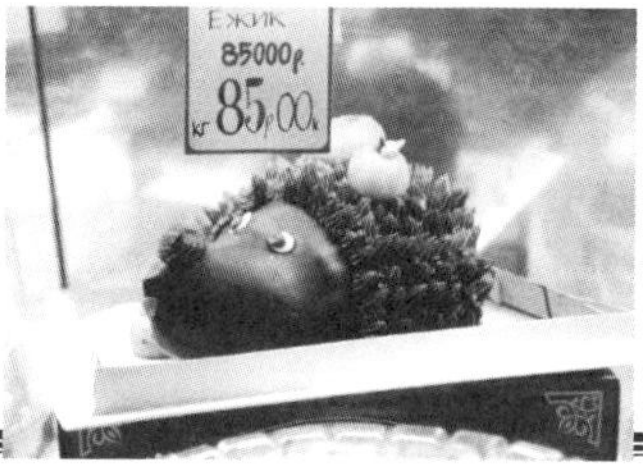

こんな食べるにしのびないハリネズミ・ケーキも。

Елисеевский

エリセーエフスキー食料品店

ネフスキー大通り54－56番地

サンクトペテルブルクが誇る高級食料品店。ステンドグラスやシャンデリアがきらめくアールヌーボーの内装は、帝政ロシア時代以来のもの。そんな華麗な店内に、物不足の頃はショボイお菓子しかなくて悲惨だった。でもご安心を。今や輸入品も取り扱う豊富な品揃え。ううむ、これはこれでちょっとロシアらしくない。

КИС-КИС キスキス

ロシア人は猫を呼ぶ時に「キスキスキス……」と言う。それを商品名にして猫の絵をあしらったのが、ごひいきのキャラメル「キスキス」。ソ連時代の包み紙のイラストは、猫の小生意気な可愛さを巧みに描いた名作だったのに、今じゃこんな子供だましのイラストに。勝手に変えんなよ！

イラスト違いのパック入りキスキスも。

before

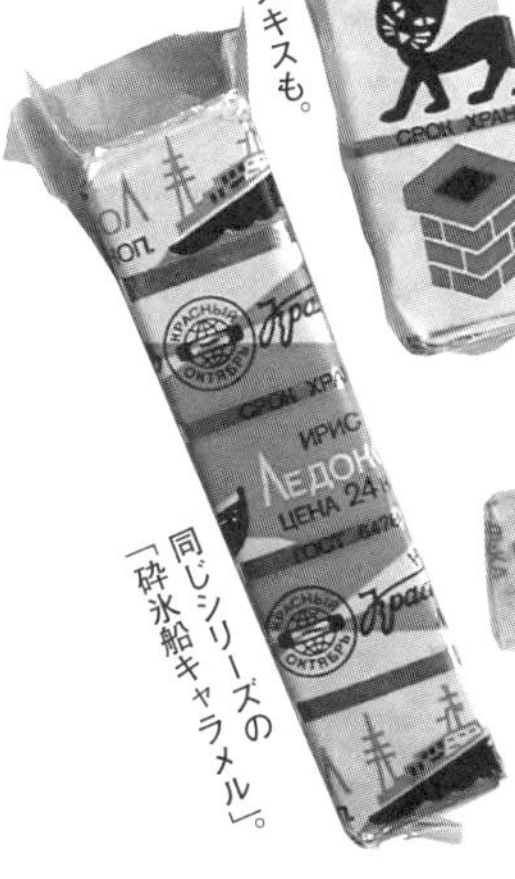

同じシリーズの「砕氷船キャラメル」。

after

ПЕЧАТНЫЕ МАТЕРИАЛЫ
印刷物

革命芸術の香りを伝えるイラスト集から店頭にさりげなく置かれたチラシまで、過去十年に入手したお宝をご覧あれ。

20世紀初頭のソビエト風刺画集。大判でカラーをふんだんに使っていながらも、往時をしのばせるザラ紙使用の素朴な作りが心憎い。

ロシアの大都市には、たいてい建物丸ごと本で埋め尽くされてる大型書店があって、多くはその名を「ドーム・クニーギ」（本の家）という。モスクワのドーム・クニーギは、ノーヴイ・アルバート通りに面する巨大な建物。その二階は、ソ連時代は宝の山だった。スローガンを書き殴ったアヴァンギャルドなポスターや、やたら凝りまくった写真本。あー、それらが消えゆく運命と知っていたなら、あの時、もっと買いあさっていたのに……。

印刷物は、共産国ソ連のお家芸であった。なにせプロパガンダ芸術発祥の地なのだから、めちゃくちゃ手間暇かけた秀作揃い。文字情報の濃さもさることながら、写真やイラスト使いまくりの気前のよさは羨むばかり。お堅い学術書でも、必要とあらばバンバン図版を入れる。遊び心のある若モノ向けの本なんて、写真やイラストのコラージュの上にキリル文字（p139参照）を縦横無尽に配し、ロシア・アヴァンギャルドの流れを受け継ぐ破格の出来映えで、感涙にむせび泣いたもんである。

そりゃ、当時は紙質も印刷技術もお粗末で、こんなチャチなもののどこが面白いのだ、と周囲から白

写真はサンクトペテルブルクのネフスキー大通りにあるドーム・クニーギ。モスクワ店はノーヴィ・アルバート通り（旧カリーニン大通りp44参照）にある。

十月革命が生んだアヴァンギャルドなポスターや陶器、テキスタイルなどを解説した革命芸術作品集。モスクワの歴史博物館で購入。

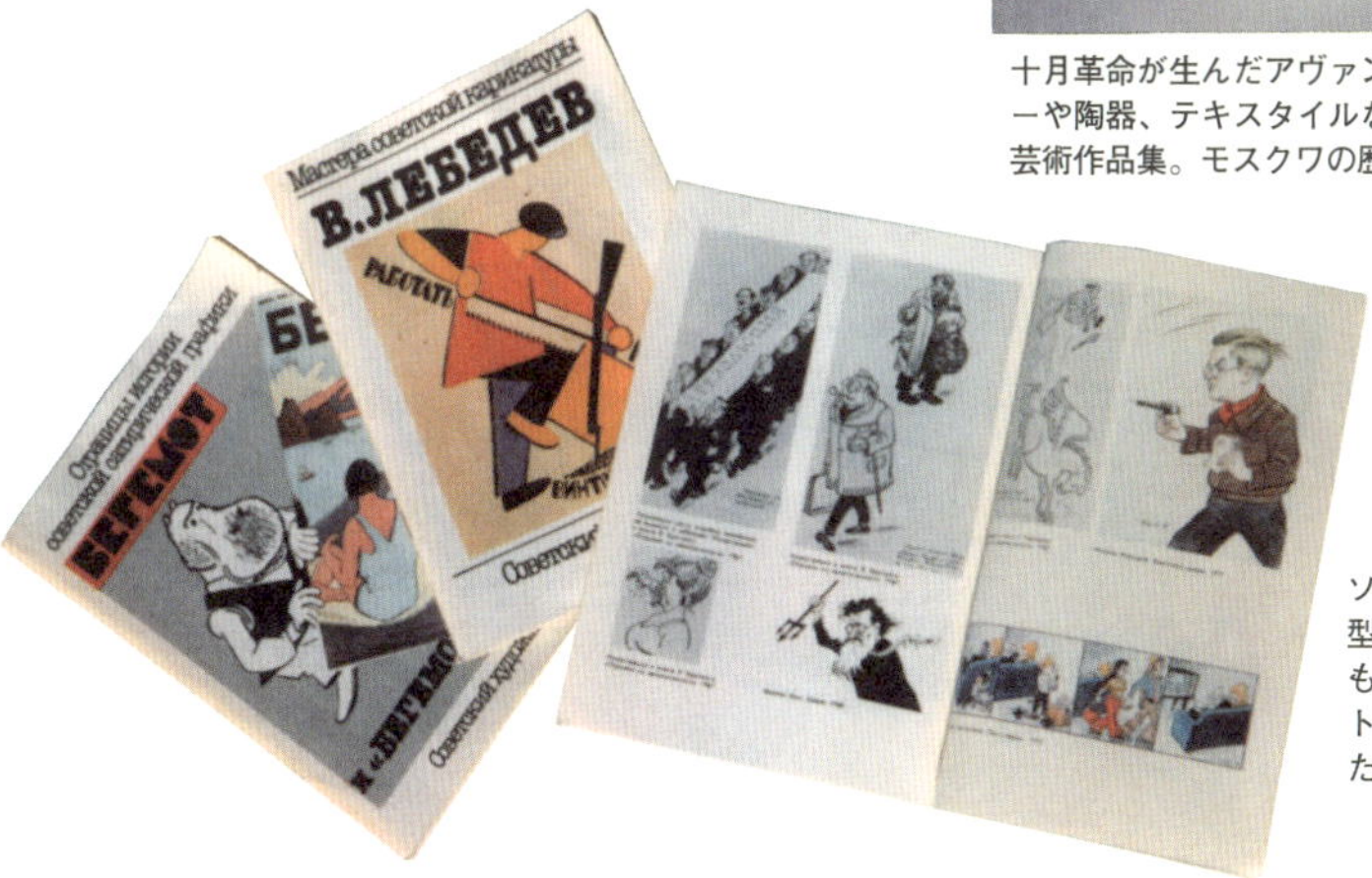

ソビエト風刺画集の小型バージョン。いずれもモスクワのアルバート通りの書店で見つけた掘り出し物。

い目で見られもしたもの。でもその素朴さがまた、西側の洗練された本にはないザラッとした特有の質感を生み出し、えもいわれぬロシア情緒をかもしだしていたのだ。

もともとソ連時代は、国営出版社しかなかったわけだから、ノルマの達成がすべて。予算などあってなきに等しかったからこそ、製版代を度外視した本作りもできたんだろうし、売上げなんか関係ないから、需要のない本を何万冊も刷るような無駄も相当多かったと伝え聞く。試みに今、手元にある薄っぺらな絵本の奥付を見てみると、「発行部数三〇万部」なーんてしゃらんと書いてある。いきなり刷るか、三〇万部！　はたまた別の本には、「一〇万一二〇部」とあって、このハンパな一二〇部は献呈本か、それとも党幹部に回るのか、などとつい裏読みしたくもなろうというものだ。

しかし、民営化が進む今、さすがにロシアの出版界もそんな悠長なことはやってられなくなった。おまけに徐々にDTP化されて、書籍も雑誌もそこそこ出来がよく、ソツのない「商品」になりつつある。ああ、またひとつ消えてゆくロシアらしさかな。

民話や童話の宝庫だけにロシアの絵本は充実の品揃え。

アメコミ風のマンガや芸能情報に混じって、素人さんのドヘタな投稿マンガが堂々とページを飾る子供向け雑誌。

お土産にほどよいミニサイズの絵本。作りはチャチだが、動物図鑑あり、メルヘンあり、マヤコフスキー作もあるぞ。

伝統あるロシア絵本と西側風小細工が見事に合体。くり抜かれた窓越しに次のページが見えるアイデア絵本。

最新の絵本は形も可愛いし、紙質もいい。絵のセンスは今ひとつ日本人には理解しかねるものが多いが。

カレンダー・カードを買うなら街角の露店で。日本とはひと味違う情報満載の日めくりも売られている。

なぜかロシアにはやたらカレンダー・カードが多い。動物ものあり、星座ものあり、ウサギのカードはウサギ年に買った干支もの。

青少年向けイヤー・ブック。歴史上の人物の解説からファッションまで、とりとめのない知識の洪水を浴びて一年たつとお利口になれます。デザインがめちゃくちゃ斬新。

猫や犬ならわかるが、狼カレンダーとはいかにもロシア。新緑の狼、紅葉の狼、銀世界の狼など狼の四季を絶妙のアングルでお届け。

メーデー（p63参照）の喜びをうたうソ連政府の宣伝か、と思ったらデパートの大売り出しのチラシだった。といっても当時は売り出すものもなかったのに。

ЧТО ЭТО?

ソ連時代の店頭で見つけた色とりどりのチラシの数々。これはいったいなんなんだ？

食料品店の魚売り場にて入手。裏面には魚介料理のレシピやウンチク話が書かれていたが、魚食推進運動でもやっていたのか？

ソ連時代のキオスク（p114参照）で買い求めた昔懐かし着せかえシート。

ЗНАЧКИ
バッジ

今や貴重となった共産主義的デザインの宝庫、バッジはロシアの手頃なお土産。ソ連時代の秀作を中心にご紹介しよう。

革命ソ連の生みの親レーニンは、今や観光資源として大活躍。しかしなぜみんな左向きなのだ？

モスクワ随一の観光名所クレムリン・バッジも。翻る旗はまだソ連。

「常に備えよ！」

「ミール（平和）」

宇宙ステーションの名前にもなってるミールは、「平和」と同時に「世界」の意味もあるソ連時代の合い言葉。

モスクワ郊外の町ユーリエフ・ポリスキー。このように各地にご当地バッジがある。

「モスクワの日」記念バッジ。ちなみにモスクワは1997年に創立850年を迎えた。

スポーツ大国時代の置き土産、スポーツシリーズは各競技多種多彩にあり。上はサッカーチームのもの。

屈託なくバッジを売りつけてくるバッジ売りの少年たち。'90年代前半のロシアでは、観光客はどこに行ってもこういう子たちに追い回されてモテモテでした。

ソ連時代にはモスクワの軍人百貨店で、軍バッジがいっぱい買えた（p131参照）。

巡視用の駆逐艦。うむ、マニアック。

「ソ連軍に栄光あれ」

アムール河畔の町コムソモルスク・ナ・アムーレ。共産主義の香り高い「いかにも」って構図。

観光客に人気のソ連軍シリーズは、陸海空とバリエーションも豊富にとり揃えております。

飛行機シリーズもよく見かけるが、デザインはイマイチ。これはヤコブレフ機か。

KGB（p144参照）解散でホンモノのKGBバッジも市中に登場。さすが観光バッジとは作りも質感も違ってご立派。

ほのぼの小鳥シリーズ。スズメとツリスガラ。

ПОЧТА
郵便

芸術性の高さではピカイチのロシア切手。
封筒やカードもマニア必見の出来である。
ただ肝心の郵便事情が今ひとつ……。

サービス劣悪だったモスクワ中央郵便局。

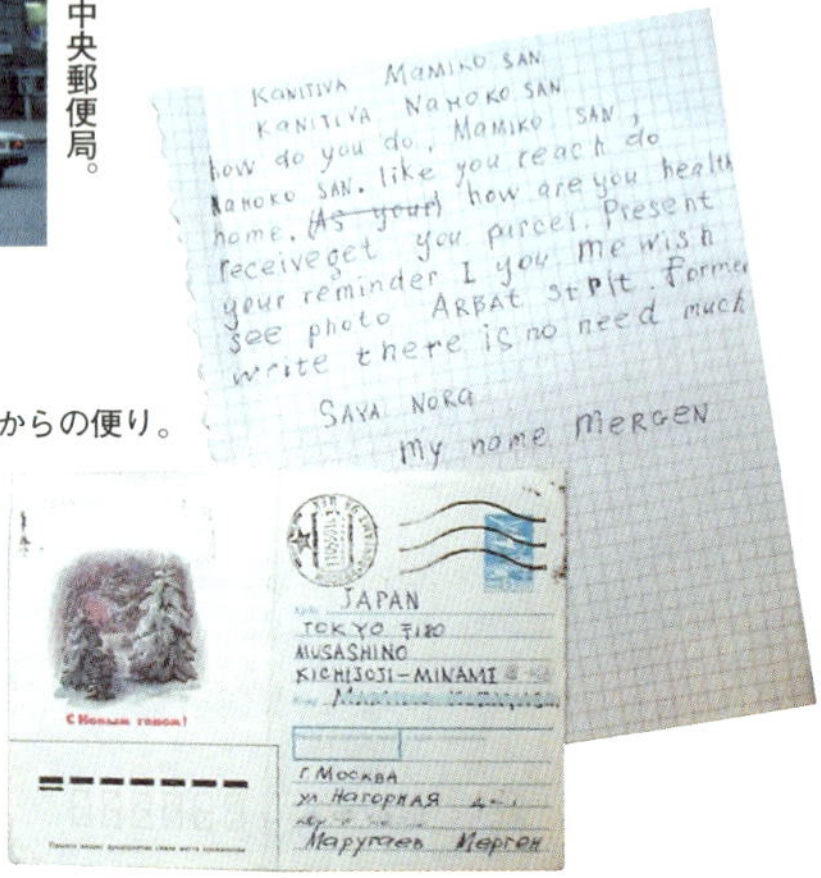

ロシアの友からの便り。

ふだん使いのロシア切手は
あまりヒネリがない。

ロシアに手紙を出すと、二通に一通は届かない。なぜだ？　「KGB（p144参照）の検問にひっかかって、抜き取られることがあるんだよ」と、かつてロシアの友人は言っていた。別に思想的にアブナイことが書いてあるわけじゃなし。

「いや、カネめのものを抜き取るんだよ」

ってそれじゃ、KGBってドロボーじゃん！　なのでお世話になった知人にお礼の品を送りたくとも、あえて選んだ粗末な封筒に、ちっぽけなカードを入れてお茶を濁すしかなかった。さぞかしケチな日本人だと思われていただろう。

　でも、KGBも解体したし、もうそんな時代じゃないでしょー！　なのに、今でも届かない。

「封書はだめ。きれいなカードが入ってたりすると、開けられて盗られちゃうから、ハガキで送って」と別のロシア人につい最近も言われた。盗られるって、今度は誰に？　郵便屋さん？

　手紙ひとつ出すにも、盗られることを前提にしなければならないのがロシア。といっても盗られるに値しないような手紙さえ届かないのは、むしろどっかになくしちゃってるんでないのぉ？　モスクワな

ソビエト・サーカス70周年の記念切手。右上の「世界で初めて象3頭を飛び越えた男」として知られる曲芸師ラザレンコ始め、サーカス芸人はロシアでは立派な芸術家扱い。

どの大都市に住む人相手ならまだ届く確率は高いが、ロシアの辺境となったらもうアウト。

「○月に手紙を出しましたが着きましたか？」

「いいえ、着いていません。それより私の手紙は受け取りましたか？」

「いいえ、届いていません。なんと書いたのですか」

黒やぎさんと白やぎさんか!? なので辺境の友人は、以前はよく国際電報を打ってよこした。電報なんて訃報くらいしか思いつかないから、何事かと思って見ると、「アソビニキテネ」とただそれだけ。

そんな不毛な郵便事情の間隙を縫って、あっという間に普及してしまったのがインターネットである。もともとロシアの電話は市内通話が無料なので、プロバイダーまでの通信料はタダ。そりゃ普及もするわな。ただし、その恩恵にあやかれるのは、パソコンが使える知的エリート層だけである。

なので、一般庶民であるところの遠方の友には、相も変わらず超アナログな手紙をしたためるほかにすべはなし。そして、いつ届くとも知れぬ、いや届かないかも知れぬ返事を気長に待つことが、いつしか習い性になっていくのである。

ソ連時代にはことあるごとに発行されていたレーニン切手。こちら「ソ連邦成立60周年」の記念シート。

十月革命60周年おめでとう切手。

農業から先端技術まで、労働の喜びを高らかに歌いあげる図柄の屈託のなさ。手前の女の子のリボンがミスマッチ。

これも「ソ連邦成立60周年」シリーズ。上の男女像は巨大モニュメント『労働者と農民』（p44参照）。

切手も積もれば外貨獲得

かねてから外貨獲得に貢献してきたソ連切手。外貨ショップ「ベリョースカ」（p51参照）にも華やかな切手カタログが置かれていた。

モスクワの赤の広場を描いた記念シート。煽り文句抜きで図柄だけ見せるのは珍しい。

歴史上の勝ち戦も切手のネタに。スウェーデン軍を破った「ネフスキーの戦い」750周年。

最終的にロシアの勝利となった対ナポレオン戦最大の激戦「ボロディノの戦い」175周年を記念。

ロシアの昔話や風俗を描いたシリーズ切手。画家名と作品名入りで、入手したものだけで16種類もあった。

おお、これぞ芸術！　ロシア民話集の挿し絵画家ビリービンの作品を1シートに集めた傑作。左ページはそのなかの1枚、民話『うるわしのワシリーサ』の一場面より。骸骨に灯をともして、森をさまよう美少女ワシリーサ。まま子いじめにもめげず、最後はお決まりのめでたしめでたし……。近頃はこんなロシア情緒漂う切手が発行されなくなって寂しい限りである。

5 к
ПОЧТА
СССР
1984

行事のたびに発行される記念封筒。写真は5月1日メーデー記念。

「数字はこのように書きましょう」とお手本が。日本とは書き方が違う。

上の「数字の書き方」を参考に送り先の郵便番号を書きます。

送り先の住所を書きます。

送り先の氏名を書きます。

差出人の住所、氏名を書きます。

封筒&カードのセット売りも。右下はメーデー、左2組は戦勝記念日のもの。もちろんナチス・ドイツに勝った大祖国戦争のことを指します。こういうのが街角のキオスク（p114参照）に無邪気に売られていた。

＊読書上の注意・北方領土問題初心者はp154をご参照ください。

その1。北方領土返還運動は遺産相続に似ているの巻

野鳥の聖域、クリル諸島の記念切手

国後●素朴な疑問だが、北方領土は本当に返還される必要があるのだろうか。

色丹●いちおう「日本国民一億人の悲願」ってことになってるけど。

歯舞●私、そんなこと言った覚えない。

色丹●私も。いつの間に国民投票を⁉

国後●ま、もと島民が言うのはわかる。だが、政治家諸氏が頑なに返還を迫るのは、単に後世に名を残したいがための悪あがき……にしか見えないのは私だけであろうか？

歯舞●いや、みんな薄々はそう思ってるんじゃないの。ただ意見を求められないだけで。そういやテレビでも「北方領土は必要と思うか？」みたいな街頭インタビューしてるの見たことない。

国後●マスコミとても「北方領土は日本固有の領土」という建て前論から外れるわけにいかないわけか。

色丹●あ、でも前に『サピオ』で「北方領土なんかいらない」って特集してたよ。でもその論調は、国民ひとりあたり6万円相当もの経済援助をするほど価値のある島か、と損得勘定に終始してた。

国後●結局、カネなのよ、この国は。

歯舞●なんか遺産相続に似てる。おじいちゃんが確かまだ土地を持ってたと思うけど、アレどうなったかしら、私にも権利あるわよね、みたいな。

色丹●そうそう、相続になると、どこからともなく現れる親戚！

国後●土地となると目が眩む日本人！

歯舞●そもそも固有の領土って何？　そんなこと言い始めたら、あれらの島は蝦夷人のものではないの？

色丹●それに仮に返還されたとしても、そのあとどーすんの？

国後●おっと、待たれい。これは連載にしてとことん掘り下げてみよう。そして我々なりの北方領土の好ましい将来像を考えてみてはどうだろう。

歯舞●賛成！

国後●できれば「麦の会」の皆さんにもご意見をうかがいたい！

色丹●うっ、それはもしやさる4月、ロシア大使館職員と密かに懇談会を催したという右翼懇親会のことですか。そ、そ、それは……面白そうだ。

国後●さらには北海道に渡り、もと島民やアイヌの方々とも意見交換をする！　そしていずれはビザなし渡航だ！

歯舞●そ、そ、そんなこと言っちゃっていーのー？

国後●いーのだ！　ついでに皆さんからのご意見もお待ちしてまーす！

（1992年12月）

СУВЕНИРЫ
土産

キャビアに琥珀に民芸品……そんなありきたりのものに興味のないあなたに贈ります。ロシアみやげ特選カタログ。

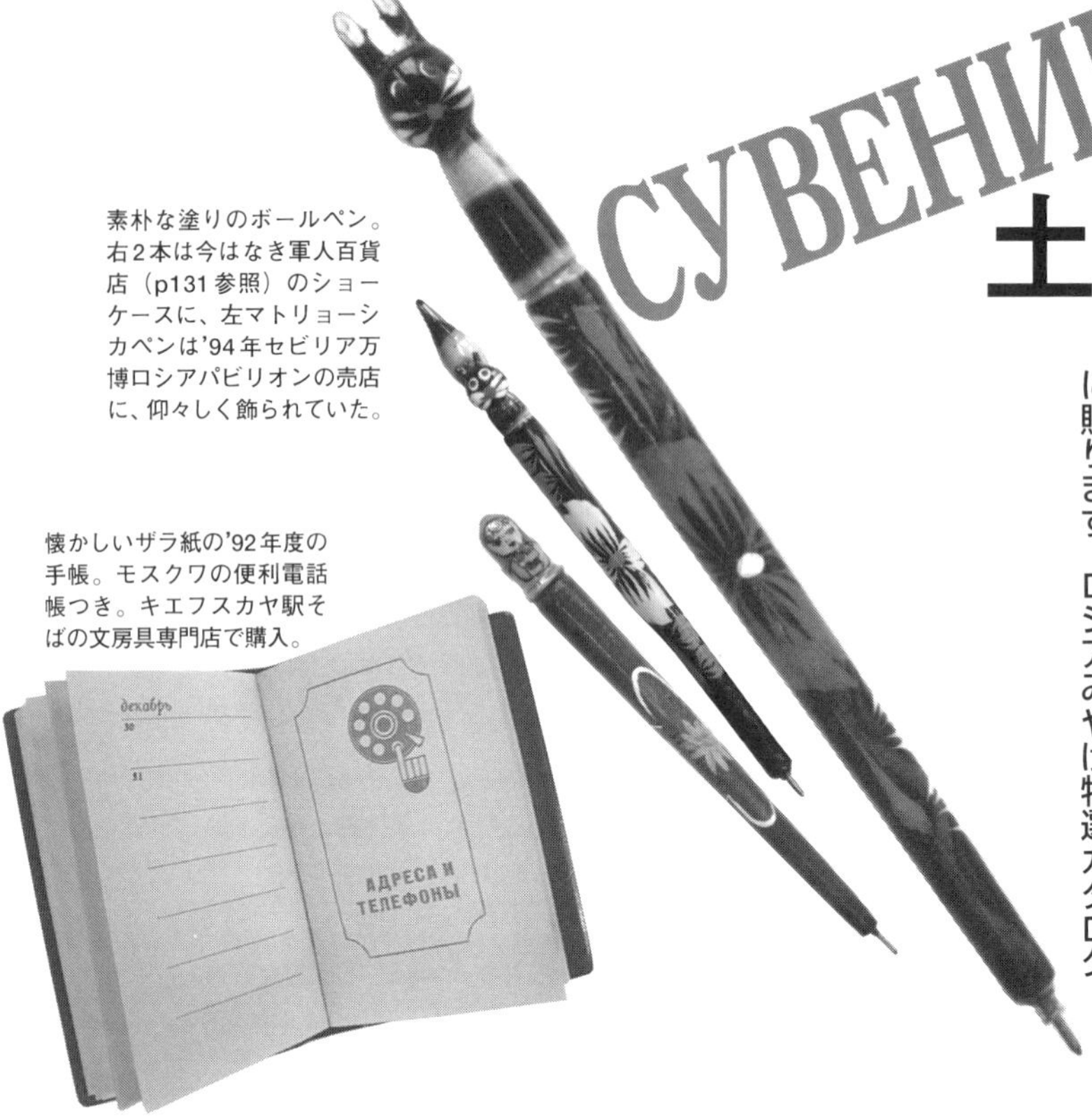

素朴な塗りのボールペン。右2本は今はなき軍人百貨店（p131参照）のショーケースに、左マトリョーシカペンは'94年セビリア万博ロシアパビリオンの売店に、仰々しく飾られていた。

懐かしいザラ紙の'92年度の手帳。モスクワの便利電話帳つき。キエフスカヤ駅そばの文房具専門店で購入。

拾った宝くじのハズレ券、ザラ紙の包装紙、
ホテルの客室に置かれていた裁縫セット……。
旅先では、目に触れるものすべてがお土産です。
たとえ他人から見たらただのガラクタでも、
当人にとっては忘れがたい旅の思い出。
これぞと思ったものは臆せず持ち帰りましょう。
ことにロシアのように、
親愛の情をさらりと小物で示す人々の多い国では、
知らぬ間にいただきものが増えていくものです。
道に迷った時におばあちゃんがくれた地下鉄の地図、
煙草を分けたおかえしに、青年がおずおずと
差し出してくれたボールペン、
行きずりのおじさんが、
別れ際にくれたおもちゃのイコン画。
どれも、ささやかながらも心のこもった贈り物です。
けれど、もっと自発的にお土産を求めたい
という方には、露店めぐりをおすすめします。
道端に台を出しただけの小さなお店では、
おばあちゃんが自家製のハチミツやハーブ、
手編みのレースやセーターを売っています。
街角の露店で素朴な民芸品を買うのもいいでしょう。

行きずりのおじさんにもらったイコン。といってもプラスチックの額にボール紙をはめ込んだだけの駄菓子屋のオマケ風。

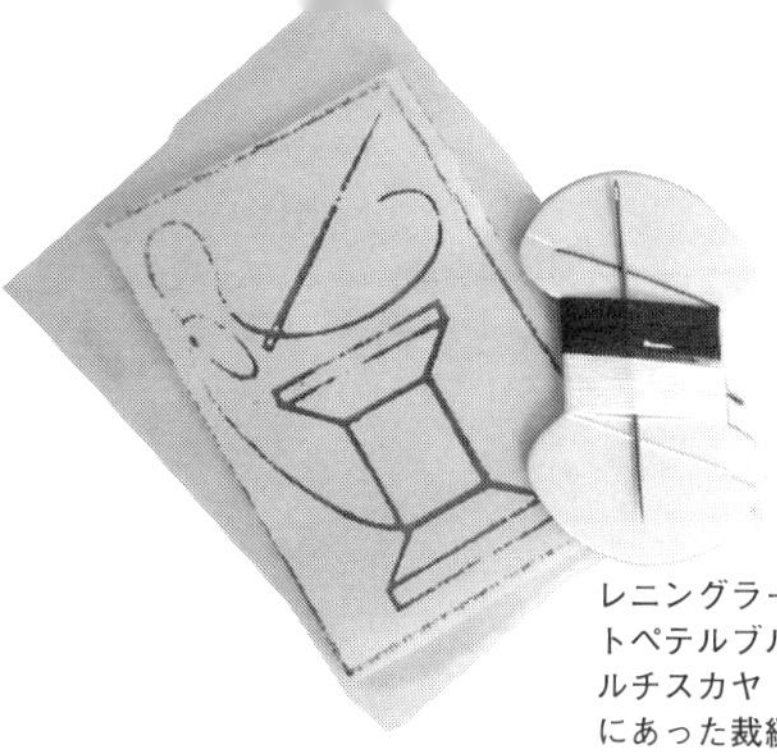

レニングラード（現サンクトペテルブルク）のプリバルチスカヤ・ホテルの客室にあった裁縫セット。糸と針と一緒に“糸と針の絵”がペラリと封入されていた。

ロシアのピアスは針がぶっとい！右はよくある規格物。左は’90年代初頭に登場した「協同組合店」で購入。

ハリネズミの灰皿セット。積み重ねるとひとつに収まるアイデア商品。ペレストロイカ時代の外貨ショップ（p51参照）で。

もちろんロシアにもデパートはあります。
モスクワの赤の広場の前に建つグム百貨店、
サンクトペテルブルクのネフスキー大通りの
なかほどに建つゴスチヌィ・ドヴォール……。
今では、ブランド品や高級土産物であふれ返る
こうしたデパートやショッピングセンターも、
つい十年前には、閑散とした売り場に定規やしおり、
巨大なブラジャー、ごわごわのタイツなどが
大仰に並べられていたもの。
あたかも昭和三十年代にタイムスリップしたかの
ようなノスタルジックな品揃えを前にして、
慎ましやかな暮らしの尊さに
思いを馳せたものでした。
手作りの香り漂うアクセサリーや
民芸調のボールペン、ザラ紙の手帳……。
その頃、買い求めた素朴な小物の数々は、
今となっては往時をしのぶ貴重な品。
西側文化の洗礼を浴び、急速な変貌を遂げつつある
ロシアでは、店頭に並ぶ商品も瞬く間にさま変わり。
この国ならではのお土産を探すなら、
今が最後のチャンスです。

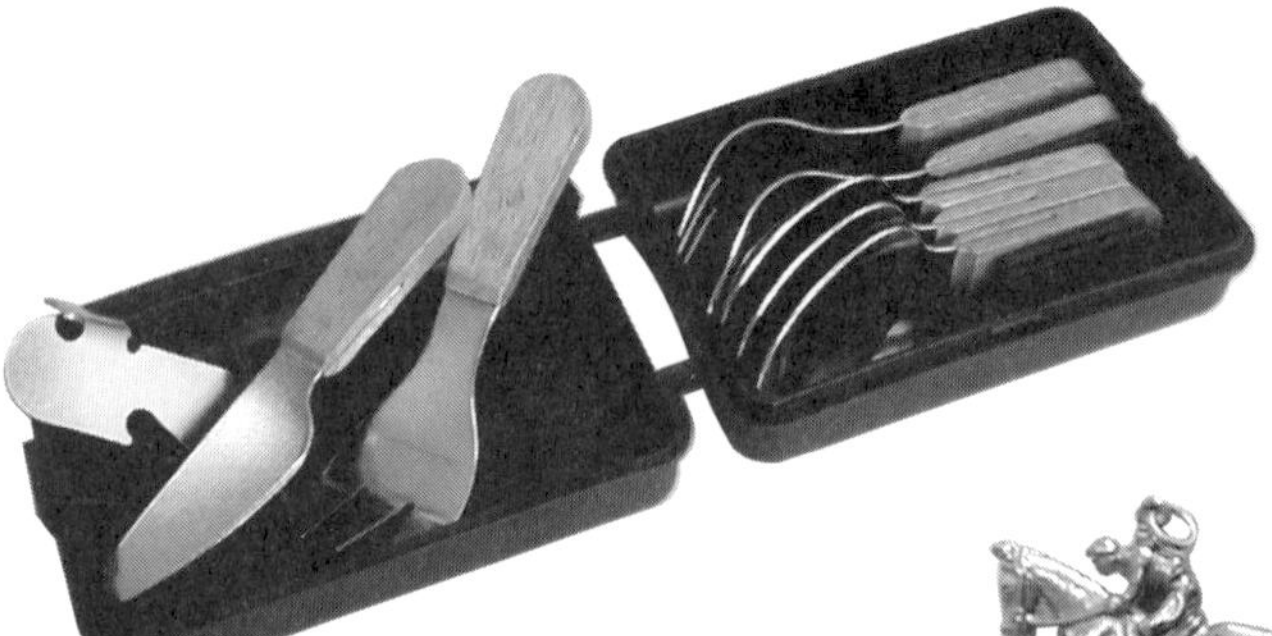

持ち手が木製でコンパクトに収まる携帯用スプーン&フォークセット。この手の気のきいた実用品は、ソ連時代には珍しかった。

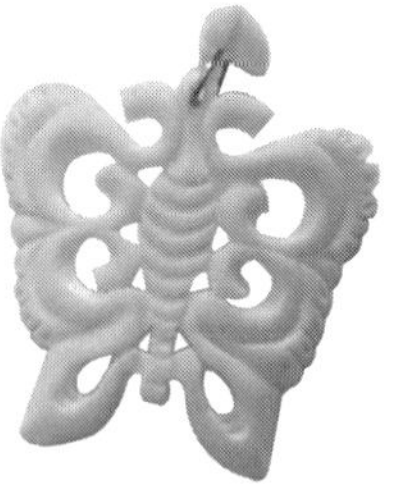

ロシアお得意の象牙細工のペンダントヘッド。旧カリーニン大通り（p44）の土産物店で購入。

ロシアにも干支がある。その年の干支、馬をモチーフにしたペンダントヘッド。

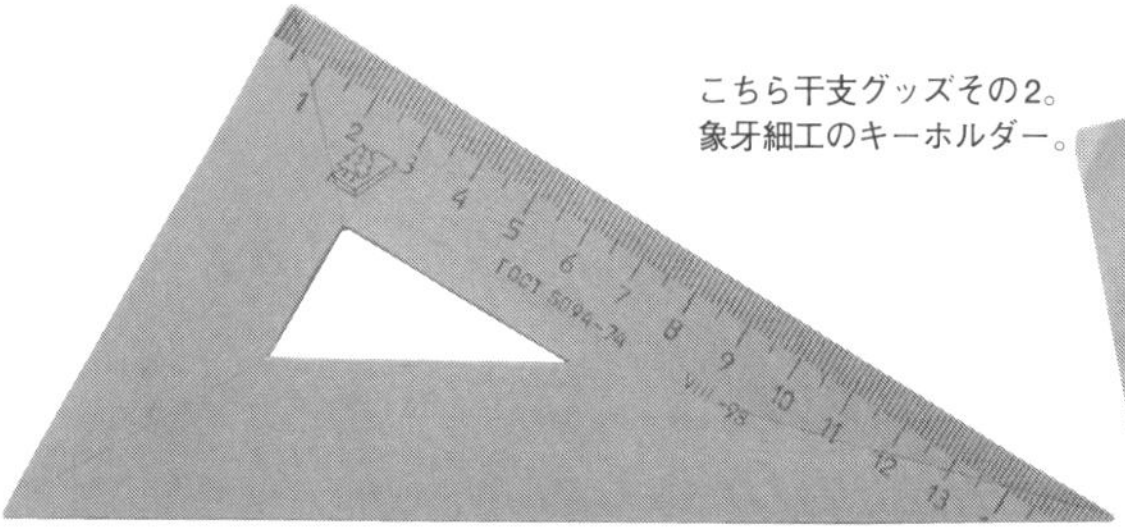

日本ではめったにお目にかからなくなった木の三角定規。仕上げが荒すぎて使えないが、この味わいが好事家にはたまらない。

こちら干支グッズその2。象牙細工のキーホルダー。

ビンボーくさくなく、そこそこ気のきいた品をてっとり早く探すなら、お上りさん丸出しで観光スポットに繰り出してみましょう。

モスクワの歩行者天国アルバート通りなら、似顔絵描きやストリート・ミュージシャンに混じって、露店商が思い思いの品を並べています。遊び心たっぷりのTシャツや軍の放出品などここロシアでしか買えないものばかり。露店商との値引き交渉も、楽しみのひとつです。

また、美術に関心のある方には、有名美術館のミュージアム・ショップをおすすめします。ソ連時代は、マトリョーシカ人形やバッジや西側の美術館が作ったポストカードの余り物などが、申し訳程度に置かれていただけのショップに、今や豪華美術本やポスター、スライドなどがズラリ。しかも、信じられないくらい安い値段で手に入れることができるのです。

いずれにしても、買い物は時の運。「見つけたら買え。二度とあるとは限らない」を合い言葉に、足を棒にして（これが大切です）あなただけのロシア土産を探してみましょう。

新生ロシア土産

「Tシャツ1枚10ドル、2枚なら19ドルにしとくよ」全然安くないじゃん。モスクワのアルバート通りでは露店商をひやかすのもまた楽し。

タトリン、リシツキー、ポポヴァのスライド集が18点セットで各65円とはお買い得！ トレチャコフ美術館のミュージアム・ショップにて。

かの有名な赤衛軍ポスター「君は義勇兵に登録したか」(左) をもじって「君はマクドナルドに行ったか」(右)。パロディTシャツはアルバート通りの主力商品。

ハートは陸軍、スペードは海軍、クローバーは空軍、ダイヤは戦略ロケット軍、と戦闘マニア垂涎のソ連軍トランプ。サンクトペテルブルクのデパートにて購入。

エースはレーニン、ジョーカーは秘密警察ベリヤ、てな具合にソ連時代の政治の立役者を絵札に配した政治家トランプ。ホテルの売店や書店で売られていた。

ロシア土産といえば
マトリョーシカ

ロシア土産の定番といえば、開けると次々人形が現れるマトリョーシカ。日本の入れ子人形にヒントを得て、誕生したのが百年前。ペレストロイカ時代には、歴代の書記長が次々現れるゴルビー・マトリョーシカが人気を博したが、やはりこの世にひとつしかないオリジナルを作ってこそ、真のマトリョーシカ通なのだ。

露店でいやというほど目にするマトリョーシカ。買っても、もらってもあとが困るお土産の代表格ですが。

キーホルダーなら
手頃なお土産に!?

МАТРЁШКА

マトリョーシカちゃんのお祝いカード。上の飾り文字は「おめでとう！」。

当編集部が本稿のために特別に作成した「プロブレーマちゃん」マトリョーシカ。

アエロフロート（p58参照）の荷物タグ。裏面はネームプレートになっている。

ロシアの友メルゲン（p94参照）お手製のゴルビー・マトリョーシカ。ゴルビー以外は「誰やおまえ？」といった仕上がりに、作者の大らかな人柄がしのばれる。

プロブレム・ツアーへのお誘い

ようこそ！買い物天国へ

プロブレーマちゃん

ロシアの特産品といえば、琥珀に毛皮、サモワール、ホフロマ塗りやグジェリ陶器などの民芸品……。そして、なんといってもキャビアを連想する方が多いのではないでしょうか。世界三大珍味のひとつに数えられるキャビアは、ロシア産のものが最高級とされています。本場ロシアの味を、どうぞご堪能ください。

キャビア三昧ツアー

ボルガ川でチョウザメを釣り上げ、その場でキャビアをご試食いただきます。丸々として、つややかな輝きを放つ特大キャビアは、本場ならではのもの。免税店で売られているものとは、比べものになりません。キャビアで始まりキャビアで終わる豪華ディナーを、いやというほどお楽しみください。ただし、税関でのトラブルのもととなりますので、大量のお持ち帰りはご容赦願います。

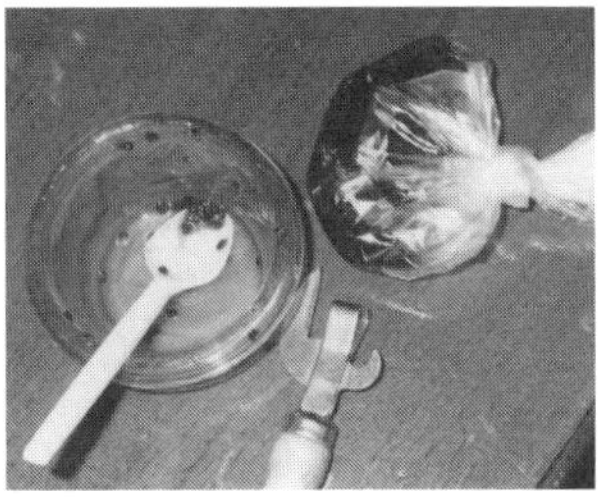
X線にキャビア缶の形が映らないようビニール袋に詰め替えを。

前回ツアー参加者の声

現地の知人にキャビア500gをお土産にもらったのはいいのですが……。空港で先に税関を通った友人がスーツケースを開けられたので、キャビアの大瓶を隠し持っていた私はパニックに！　でも、友人がシロだったので、私はあっさりノーチェック。「おとり作戦」大成功でした。(埼玉県・森田様)

＊このほかに、弁当箱やビニール袋に詰め替えてこっそり持ち帰った、とのご報告も届いております。

ほかに「ノー・プロブレム・コース」もございます

豪華地下アーケード街「オホートヌィ・リャート」視察の旅

冒険はしたくないという常識派のあなたのために、特別にご用意しました。モスクワのクレムリン前に誕生し、爆弾テロの標的ともなった話題のショッピング・モールで、ブランド品や高級土産物を思う存分ご購入いただきます。キャビアをご所望の方は、空港免税店で安心ショッピングをお楽しみください。

プロブレム・ツアー社
ПРОБЛЕМА
国土交通大臣登録非凡旅行業務第1号

ЗНАКИ
標識

ロシアの標識デザインは、ひと目でわかるシンプルさが秀逸。なかでも巧みな人物表現には、どこかトボけた味がある。

メトロのMマークと「地下道あり」。

「飛び出し注意」ロシアの車道は異常に広くて横断歩道が少ないので、いつもこうやって猛ダッシュで渡るはめに。つられて思わず走りたくなる巧みな人物表現に感服。

「アイドリング禁止」ロシアの排ガスはハンパじゃない。

ひぇ〜っ！　ど、どうやって渡ればいいの！　車がびゅんびゅん行き交う広大な道路を前にして、我々は立ち往生していた。

ロシアの道路はとにかく広い。おまけにみんなやたらに車を飛ばしまくる。そもそも、一方通行の直線道路が多いので、一般道が高速道路みたいなもんだ。主要都市間を結ぶ幹線道路に至っては、もともと戦車が速やかに移動できるように造られているそうだから、その広さといったら尋常じゃない。

もちろん、信号だって横断歩道だってちゃんとある。あるにはあるが、一度渡りそこねたら、延々歩かないと次の信号に行き着かない。なので、地元の人を真似て、車の波の間をすり抜けようとするのだが、なかなかタイミングがつかめないのだ。

「今だっ、行け！」

「それぇっ！」

道を渡るたびに、かけ声をかけ合い、転がるようにして全力疾走。無事渡り終えると、五〇メートル走で新記録を出したかのごとくの達成感である。しかし、こんなに必死こいて道を渡ってるロシア人なんてどこにもいないんだよね。

「道路工事中」標識のなかではよく働くロシア人。

「横断歩道あり」姿勢のよさに注目。

「この先運河」運河の街サンクトペテルブルクにて。落ちるやつがいるってことか。

「緊急車両の出入口」赤と黄色の色使いが可愛い。

「順路」クレムリン内にて。余計なところを歩くと警笛を鳴らされる。

そんなある日、両手を高々と上げて、猛ダッシュするふたり組を描いた標識を発見。こ、これは、まさしく我々の姿！ やっぱり私たちは正しかったんだわ。こうやって道を渡れってことね。

以来、この標識を「とっとと渡れマーク」と勝手に呼んでいたのだが、どうも違うんだな、これが。やがて、この標識がバスの後ろの窓に張り出されているのを見るに至って、どうやらこれは「飛び出し注意」の標識らしい、との結論に達したのである。

そして、いつもは歩行者としてヒャーヒャー言いながら道を渡っていた我々が、知り合いのロシア青年の運転で、モスクワ・ドライブを悠然と楽しめる日がついにやってきた。ところが……。

車を飛ばすだけならまだしも、少しでも前に出ようとやたら車線変更しまくる彼。うわっ、隣の車と接触しそぉ。ゴーカートじゃないんだから。右に左に傾きながら、シートにしがみついているのがやっとのありさま。車窓にはモスクワの光景が流れ去り、景色を眺めている余裕などない。

結局、我々の口をついて出る言葉は、依然として「ひぇ〜っ！」であった。

ロシアでは街角の意匠もあなどれない。モスクワの書店ドーム・クニーギにて。

「ハバロフスク」と書いてあるだけなのに妙に絵になるキリル文字（p139参照）。

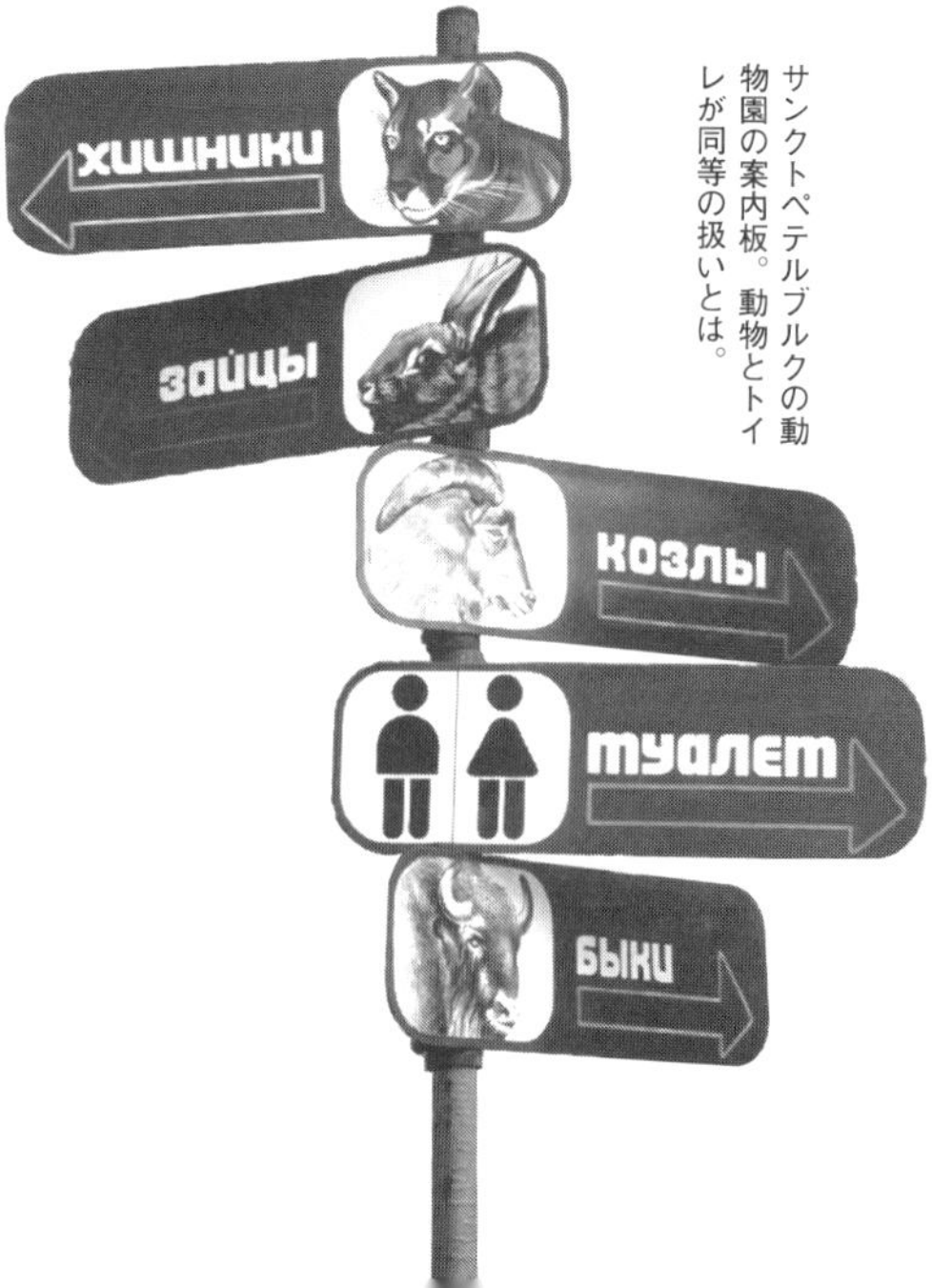

サンクトペテルブルクの動物園の案内板。動物とトイレが同等の扱いとは。

ロシアの街には必ずと言っていいほど巨大な温度計が。多くはデジタル表示だが、これは珍しくアナログ。零下何度まであるの!?

「喫茶みゆき」って感じのレトロさが目を引くハバロフスクのカフェの看板。

大きなお金が小さくなります。これぞ一目瞭然の好見本。モスクワのヴェーデンハーこと国民経済成果博覧会会場(p44参照)にあった両替機。

ソ連時代のモスクワのグム百貨店の売り場表示。外国人や子供でも絵を見ればわかる親切さ。

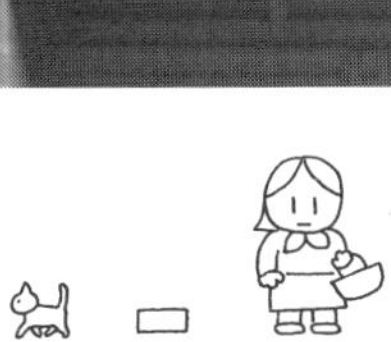

モスクワ建造物 勝手にベスト5

巨大にしてハッタリのきいた建築物は、旧共産国ロシアの得意技。独断と偏見でモスクワ市内の必見物件を選んでみた。

こちらアルバーツカヤ駅。

シャンデリアの違いでわかるモスクワの地下鉄駅

コムソモーリスカヤ駅「勝利の間」。

こっちはキエフスカヤ駅だわ。

第一位★スターリン様式の建物

なんてったってコレよ、コレ。モスクワ大学を始め、ウクライナ・ホテル、レニングラード・ホテルなど市内七カ所にあるゴシック調建築。なかでもアルバート通りから望む外務省の夜景は絵になるっす。

第二位★地下鉄駅

モスクワの地下鉄が世界的に有名なのは、ご存じ、駅構内の装飾美ゆえ。ひと駅として同じデザインはなく、おすすめは革命広場駅とコムソモーリスカヤ駅。

第三位★ヴェーデンハー（国民経済成果博覧会）

現在は、全ロシア展示センターというらしいが、やはりВДНХ（ヴェーデンハー）と呼びたい。これ見よがしのパビリオン建築が並ぶ常設の万博会場といった感。「宇宙館」には宇宙船の巨大な模型も。

第四位★モニュメント各種

各所に立つ著名人の像、そそり立つオベリスク、そして極めつけは、鋼鉄製の『労働者と農民』像！

第五位★旧カリーニン大通り

近代化の象徴ともいうべき相似形の高層建築がズラリ。今見たらなんてことない団地群だが、この建物の窓という窓に赤旗がなびいていた時は壮観でした。

АТОМНАЯ ЭНЕРГИЯ

1940年代に独裁者の命により誕生した スターリン様式の建物群

雨の外務省

リャリャリャ　リャリャ……
雨が降る　寂しい日
君を待つ　アルバート通り
雨が降る　この街で
外務省だけが　濡れている〜♪

あゝ、ウクライナ・ホテル

うるわしき　ウクライナ
そびえたつ　その姿
こがれては　忘れえぬ
わが君は　ウクライナ〜♪

夜の外務省

輝く外務省よ
静けき語らいよ
なにものにもまして
よき国ロシア〜♪

＊ロシア歌集『黒いイクラ』より

右ページの写真を切り抜いて飾ろう！

右上から時計回りにヴェーデンハー「宇宙館」、ソ連宇宙航空学の祖ツィオルコフスキーの像、金色に輝くコスモス・ホテル、モス・フィルムのシンボルにもなった『労働者と農民』像。45ページは右上から時計回りに、今はなき広大な屋外プール「モスクワ」、宇宙船ヴォストーク1号の巨大模型（ヴェーデンハー）、「原子力館」（同）、レーニン・スタジアムの競泳用プール。

КИНо
ВИКТОР ЦОЙ
ヴィクトル・ツォイ追悼コンサート
15 Августа 2001 года
「俺たちは君とともにいる」

8月15日、例の場所に結集せよ——。

第2章
旅

プロブレーマなロシアへ行こう

不思議の国のルーブル

かつてソ連には「特別レート」なるものがあった……。
とりあえず一万円だけ両替…
えええーーっ?!
こ…こんなにたくさんのルーブル?!
一万円は40ルーブルじゃないの?
一九九〇年…なんと外国人旅行者には一万円↓400ルーブルという特別レートが適用されていた!
わーいラッキー
外国人には10倍にしてくれるなんて~
一万円が十万円になったってことでしょっ♪
にわか成金!
旅行者の便宜をはかるため? 外人にアピール
へー ソ連もやるじゃん
よーし!
買って買って買いまくるぞーッ
く~だ~さ~い~なっ♪

ルーブル　рубль ソ連・ロシアの通貨単位。補助単位はカペイカ копейка（一ルーブル＝一〇〇カペイカ）。ルーブルの英語表記〝rouble〟は〝trouble〟と韻を踏む。用例「ルーブル売ってトラブル買った」。

特別レート 一九八九年十一月より施行された外国人旅行者用のレート。一ルーブル＝約二五〇円のところを約二五円、と公定レートの一〇分の一で両替できた。表向きの理由は「旅行者の便宜を図るため」だったが、実際は闇両替対策でもあった。当局の意に反し、闇レートはどんどんつり上がってしまったが……。

一万円 特別レートで両替した一万円＝四〇〇ルーブルは、当時のソ連市民の給料の約二カ月分に相当した。

買いまくる ルーブルは国外持ち出し禁止で、限られた場所でしか再両替できなかった。そのうえ、余ったルーブルは税関で没収されるとの情報もあったため、なんとかして使い切らねば、という強迫観念に駆られて買い物ゲームに奔走したものである。

ベリョースカ　「白樺」の意。外国人観光客や駐在者向けの土産物店。質のいい高級品や西側の家電製品などを取り揃え、ソ連市民をいたく刺激した。支払いは外貨のみ（後述）。

木のお金　ソ連時代、ルーブルは国際金融市場で通用しないローカルな通貨だったため、自嘲的に「木のお金」などと呼ばれていた。

外貨　「木のお金」ルーブルに対し、米ドル、独マルク、日本円などの「ハード・カレンシー（交換可能な通貨）」は、単に外貨というだけでなく、ホンモノのお金として羨望の眼差しを浴びた。戸口に〝hard currency only〟（扱いはハード・カレンシーのみ）と無慈悲にも表示された外貨ショップ、外貨レストラン、外貨バーでは、たとえ外国人であっても、外貨を持っていなければ邪険にされた。

…なんとモスクワは巨大な闇市と化していた！
ルーブルなんてお呼びじゃない?!
マップ
車掌
ちょいと お客さん キャビアどう？
ささ、こちらへ
勝手に荷物を持ってく（有料）
レニングラード駅
ーチカ（旧ヤミ市、いまや公認のーケット。彼らが去った後にはゴミの山が残される）
西側のコニャックだよっ
ボク外国のコインを集めてるのバッジと交換してヨ
こっちこっち
KGB
外貨がほしいだけ！
白タク ❻
ポーターもグル
トランクかえせー
❺
服にいっぱい商品のバッジをつけている
ホテルはヤミの温床だっ！
マルボロッ
毛皮のボウシ買わない？おトクだよ
グム百貨店の中で ❶
広場
このコ部屋に入れるのこれで見のがしてくれるって聞いたんだけど…
アタシはあとで2万かなっ
ガードマン
¥1000
¥2000
ソーヨ…ホレ
ロビーでくつろいでいると…
ホテル
РОССИЯ
各フロアごとにカギの管理をして、不審人物の立入をチェックするためにいる女性 デジュールナヤという。
ルーブルと円、ドル交換して！そのGパン売ってよネッ
出口で張ってる白タク・ドライバー
▶ホテルの正面玄関◀
マフィア
タクシー？
タクシー？
タクシー？
タクシー？
タクシー？

❶街じゅうがバザール化したモスクワ。ここでの基本は「勝手に商売」。路上はもちろん、店頭や店内の隙間に勝手に陣取ってモノを売る。店にはモノがない。でも行けば闇屋がいるから闇物資ならある。てなわけで完璧に裏商売が表になってしまったのだ。かくしてレコード屋には外国人目当てのCD売り（ソ連にはまだCD文化がなかった）が、切手売り場の前には怪しい切手商が、デパートには素人のにわか商人が出没するのであった。

❷時計売りの兄ちゃん（p8参照）は、当時流行った闇商売の代表格。彼らは西側の物価をよく勉強していて、値切ろうものなら「一万円なんて、日本なら一日で稼げる額だろ」などと応酬されてヘキエキしたもの。

❸西側の味マクドナルドが大繁盛。そこに目をつけた子供たちの間で、行列に並びたくないオトナたちに代わってハンバーガーを買ってくる買い物代行が流行。このほか車の窓ふき、新聞売りなど、さまざまな隙間業種に進出した子供らは、親よりもよく稼いだ。

❹モスクワに来たらボリショイ劇場でバレエを見るのが外国人旅行者の定番コース。そこで登場するのがダフ屋である（p84参照）。ルーブルで安く買ったチケットを外貨で高く売りつけてくるのだが、それでもホテルで手配するよりずっと安い。これじゃ売れるよね。ちなみにこのダフ行為は、21世紀を迎えた今も健在だ。日本もそうだけど。

❺外国人に軍人バッジを売りつけるバッジ売りの少年少女（p25参照）。子供ビジネス（→❸）が多様化するにつれ、しだいに見かけなくなっていった。

❻当時ホテルのロビーには「ノー・プレブレムをお望みの方はタクシー・カウンターへどうぞ」なんて書かれていたが、とんでもない！　たとえ正規のタクシーでも、事実上は白タクに等しかった。のっけからドルで交渉してくるし、ルーブル払いでもボラれたもの。

MOCKBA モスクワ 闇

闇のなかにも人情あり

闇屋といってもしょせんはロシア人。人のよさは隠せない。例えばタクシーの運転手。「ドルでなきゃ乗せないヨ」と言うので「じゃ、歩いて行こ、○○ホテルはどっち？」と聞けば、道順を教えてくれたうえ「メトロならひと駅で行けるヨ」と重ね重ねのご親切。はたまたホテルの両替所が閉まっていて困っていると、闇ドル屋が「二番のバスに乗るといいよ」と別のホテルへの行き方を教えてくれちゃった。そしてアルバートの露店商たち（闇じゃない人もいるが）。人を探してると、寄ってたかって情報を提供してくれ、別れ際には「グッド・ラック！」だって。ふだんはビジネス一辺倒の人たちが、ふと見せる素朴な親切心。だからロシアはやめられない！

インフレーション 貨幣の値打ちが下がること。例えば一九九三年には、一ドル＝〇・六ルーブルだったのが、半年後には一ドル＝八〇〇ルーブルに。ルーブル価格を更新するのが追いつかなくなって、ドル価格を表示する店も登場。商人たちは電卓片手に、その日の対ドル・レートから換算して、「本日のルーブル価格」を決定していた。

デノミネーション 貨幣の呼称単位の切り下げ。狂乱インフレも収まり、ロシア経済の安定を内外にアピールするために実施された。

通貨切り下げ 自国の通貨と外貨との交換比率を下げること。一般には輸出の拡大や景気回復の効果を狙って行われる。だがロシアでは、それまで一ドル＝五・二五〜七・一五ルーブルだったのを、一ドル＝六・〇〜九・五ルーブルに引き下げたところ、かえって市場が混乱し、ルーブルはますます低落してしまった。

ルーブルありません 国際空港の両替所に自国の通貨がない、とはこれいかに。金融パニック後で、ロシア国内の現金が不足していたことの現れか。あるいは単に「今日の両替分はなくなりました」という怠惰な理由だったとしても、ロシアならおかしくはない。

バーター経済 現物経済、物々交換経済。ロシアでは現金が慢性的に不足し、給料がモノで支給されたり、商取引の七割をバーター取引が占めるとも言われた。他国から見たら異常事態だが、ロシアではあまり珍しくない。そもそもソ連時代は、ほかの共産国同様、対外貿易の多くがバーター取引だった。取引額を同額にするために、ほしくもないバラライカやサモワールを大量に仕入れるなどして、日ソ貿易の活路を開いてきた日本企業の先人たちに敬意を表したい。

＊二〇〇一年五月現在、一ルーブル＝約四円。一ドル＝約二九ルーブル。

インツーリストと旅行手配

●国営旅行社インツーリスト

ソ連に入国すると真っ先に迎えてくれるのは?……インツーリスト! 旅行中さりげなく外国人を見張っているのは?……インツーリスト! との評判を真に受けて、インツリとの対決を夢見てソ連初入国を果たした一九九〇年。誰も迎えには来ていなかったし、見張ってもくれなかった。しょうがないのでこっちから、「インツーリストはどこでしょう?」と空港を行き交うロシア人に尋ね歩いて、怪訝な顔をされたもの。そりゃそうだ。インツーリストは元来、「外国人旅行者」の意味なんだから。

かつてはソ連・ロシア旅行の唯一の受け入れ先だったインツーリスト。インツリなくしてロシア旅行はできなかったし、行く先々でインツリ職員にバウチャーを見せる瞬間が、スパイの接触のようでスリリングであった。現在は民間の旅行社も続々と誕生し、キメ細かいようでいて大筋はアバウトな、ロシア流サービスを提供してくれる。

●ビザ、バウチャー、招待状の三点セット

ロシアに入国するためには「ビザ」が必要で、ビザをとるためにはホテルや移動手段のクーポン即ち「バウチャー」と、現地受け入れ先からの「招待状《インビテーション》」が必要である。招待状に関しては、観光旅行なら多くの場合、旅行代理店を通してインツーリストが発行してくれるので問題ないが、バウチャー発行のためには、事前に全旅程を決めて支払いを済ませておかなければならない。行きあたりばったりの旅を望む人には苦痛だろうが、

インツーリスト　ИНТУРИСТ
かつては「インツーリスト職員はKGB」と噂されていた。どんな辺境の地でも、眼光鋭いロシア人が待ち構えているのを見たら、さもありなんと思いがちだが、もともとそういう顔なのだ。

ビザ　ロシアのビザは、現地で回収されてしまうのであとに残らない。ゆくゆくはスタンプ式になるという噂も。個人でのビザ申請は、ロシア大使館領事部へ。ロシアの祝祭日は休館なので注意。

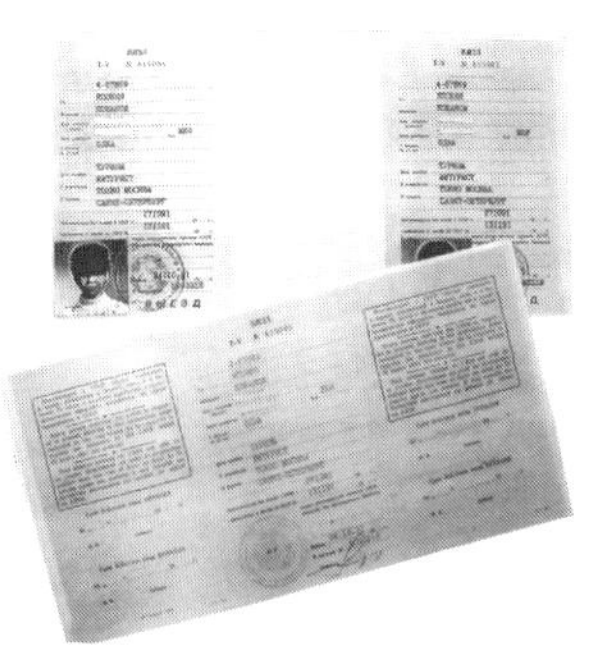

三度の飯よりシミュレーションが大好きな我々にとっては、この旅程決定のプロセスこそが至福の時。そして手に入れたバウチャーと招待状を持って、ビザ申請のためにロシア大使館の門をたたく時からロシア旅行はすでに始まっているのである。もっとも旅行代理店のお任せコースに参加すれば、ありとあらゆる手続きを代行してくれますけどね。

●トランスファーはつけるべきか

空港や駅からホテルまでの送迎をトランスファーという。一時は闇タクが横行し、トランスファーをつけることをなかば義務づけられていた時期もあったが、ま、結論から言って、つけようがつけまいがなんらかのロシア情緒は期待できる。自力で交通手段を確保しようが、差し回しの車に乗ろうが、同乗してるのがロシア人である限り、状況は似たようなもの。それに、トランスファーをつけたのに車が来なかったり、逆につけなかったのに勝手に車が来ていたり（その場合はしゃらんとしてタダ乗りしよう）、予期せぬ事態に遭遇することがままあるので、その場になってビックリすればよいのである。

●自由旅行はどこまで可能か

以前はロシア国内で勝手気ままに旅することはほぼ不可能だったが、現在はかなり自由に動けるようになった。とはいえ、やっぱりビザは必要だから、少なくとも招待状を発行してくれる受け入れ先が必要なことに変わりはない。一番簡単で、なおかつ自由がきくのは、ロシア専門旅行社に航空券とビザだけ手配してもらう方法。形としては、現地旅行代理店が受け入れ先となって招待状を発行してくれるわけだが、滞在先や国内の移動はご自由に、というパターン。現地の知人宅に泊まりたい、という時はこれが便利。

＊注・ロシアの旅行状況は一夜にしてコロリと変わることがあり得るので、最新情報は各自知恵をしぼって集めよう。では健闘を祈る。

バウチャー　ホテルや移動手段の予約並びに支払い確認証。この一枚に旅先での処遇が託されているので、記述に誤りがないか要確認。道中これをなくすと大変。

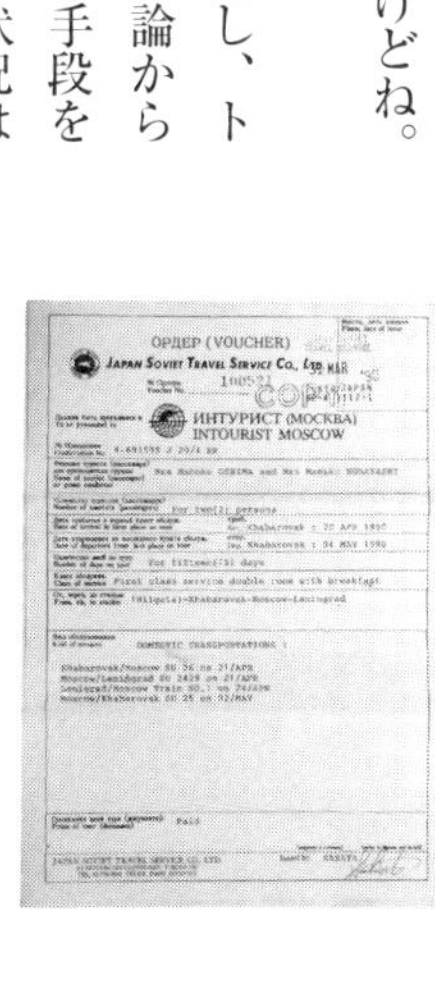
ОРДЕР (VOUCHER)
JAPAN SOVIET TRAVEL SERVICE CO., LTD
ИНТУРИСТ (МОСКВА)
INTOURIST MOSCOW

トランスファー　インツーリストにせよ、民間旅行社にせよ、送迎車のドライバーの多くは普段着のおじさん。おしゃべりな人に当たったら、車中で質問を浴びせて現地情報を聞き出し、寡黙な一匹狼タイプに当たったら、情報収集はあきらめて、車窓からの景色を堪能しよう。

我らがアエロフロート

おお、久々のアエロフロート！　乗る前から我々は大いに興奮していた。心の本拠地ロシアを訪ねるのは、四年ぶり。相棒にいたっては、実に七年ぶりだった。

アエロフロート、といっても、正確にはソ連崩壊後、国際線は「ロシア航空」と名を変えているのだが、我々にとっちゃ慣れ親しんだ「アエロ」の愛称が一番しっくりくる。

「なんか、やけに機内がきれいになってる。アエロじゃないみたい」

「エアバスになったんだよ。映画だって見られるんだから」

「えっ！　映画が!?」と心底驚く相棒。それも無理はない。ちょっと前までアエロには機内映画などなかったし、それが当たり前だと思っていたのだ。

「スチュワーデスのお姉さんも、ずいぶんきれいになったよね」

ほっぺたにくっきり三角のシャドウを入れていたドンくさい姉ちゃんたちはどこへやら。みんなすっきりオシャレになっている。おまけにやけに愛想がいい。

快適だ。少なくとも我々レベルにとっては、申し分のない空の旅。だが……。

「こんなの、アエロじゃない……」どちらからともなく、ぽろりと本音を漏らしてしまったが最後、我々はめくるめく回顧の世界にいざなわれていくのであった。それは、懐かしのイリューシン機時代の数々の思い出……。

「座席がさー、もっと狭かったよね」

「うん、ガタイのいいロシアのおやじなんか、座席にハマって動けなかったもんね」

アエロフロート　АЭРОФЛОТ　ソ連時代から続く国営航空。ヨーロッパ行き格安ツアーでもおなじみ。

ロシア航空　Russian International Airlines　アエロフロートの国際線部門。初の西型機エアバス３１０を導入して、イメージアップにこれ努める。

イリューシン　旧ソ連が誇る旅客機のひとつ。日本人ビジネスマンの間では、イリューシンに乗るのは自殺行為にも等しいと敬遠されていた。失礼な話である。

「足だって伸ばせなかった。後ろの人が椅子けとばすと、ダイレクトに背中に感触が伝わってきたりして。椅子そのものが壊れそうだったもん」

「それに、椅子の背の材質！　確か金属だったよね。それをヘンな緑色で塗りたくってあって、軍用機みたいだった」

「それに、機内食を載せるプレートが天板みたいで、しかも歪んでるから、なかなか出せないし、一度出したらもうしまえない」

「あとさー、食器も違う！　前は給食の食器みたいなチャチなやつだった」

「アエロマークと星印が刻印されてて、素朴だけどカッコよかったよね。ブルーのプラスチックのコップとか、つい記念に持って帰っちゃった。ついでにケーキが入ってたお揃いのブルーの容器もケーキごと……」

「え！　いつの間に？　実は……私はグラス持ってる。アエロマークの入ってる可愛いやつ。あと、茶色い食器シリーズもあったよね」

「あれで飲んだミネラル・ウォーター、すっごいマズかった。普通の水かと思って一気に飲んだら、炭酸が尋常じゃなくキツくてウエッ！」

「そういえば、荷物入れにはフタがなかった。バスの網棚みたいに、ただ載せるだけ」

「国内線なんか客室に犬や猫があたりまえみたいに乗ってたね。で、空港のアナウンスが〝肉声〟だった。待合い室におばちゃんがやってきて『レニングラ～ド！』とか呼び出されると、みんなでゾロゾロ飛行機まで歩いて行ったっけ」

「よく覚えてるなー。でも国内線は未だにそうかもよ」

昔語りの古老を乗せて、機は一路ロシアへと向かう。いつしか「ア～エロフロ、ア～エロフロ……」と、アエロのテーマソングを口ずさんでいる我々であった。

↓我らがイリューシン62。一九八七年に日本就航。
←こちら新潟・ハバロフスク間を飛ぶツポレフ154。

犬や猫　日本の無粋な航空会社と違って、アエロでは動物もお客様。客室に同伴できるのはもちろん、動物好きの乗務員に当たると（たいていのロシア人は動物好き。p122参照）、ケージから出して自由に客室内を歩かせることもできるという複数の証言あり。

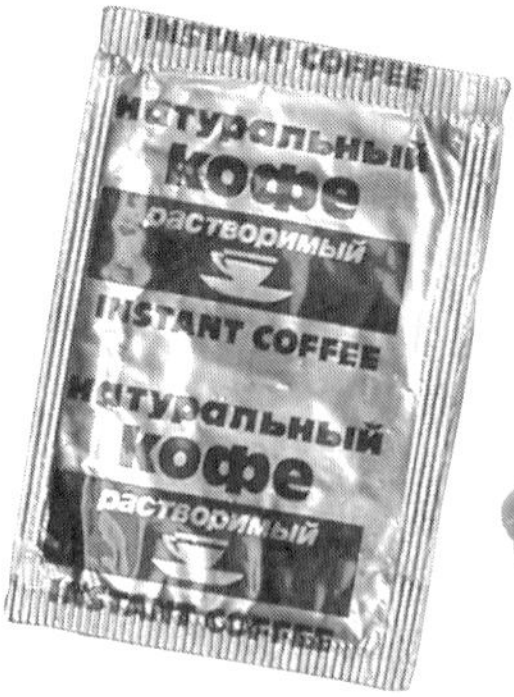

ソ連時代、機内で必ず出された金色の袋入りインスタント・コーヒー。これと同じものがＢДНХ（p44参照）の宇宙館の“宇宙食”コーナーに展示されていた。

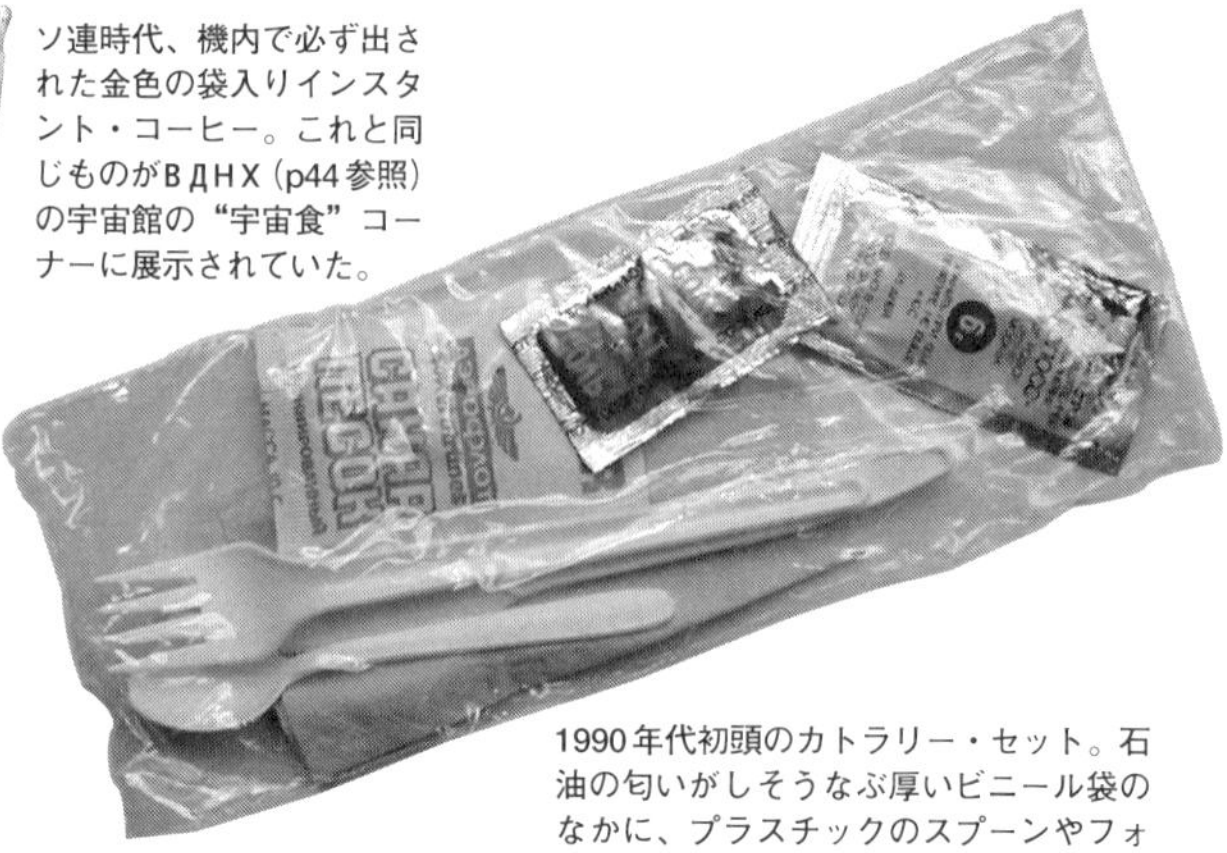

1990年代初頭のカトラリー・セット。石油の匂いがしそうなぶ厚いビニール袋のなかに、プラスチックのスプーンやフォークと共に塩、コショウ、マスタード、さらにはゴワゴワのちり紙風ナプキンが。

砂糖のパッケージもソ連時代（上）は防腐剤かと見紛う出来だったが、現在（下）はごく普通の体裁に。

アエロ・グッズ今昔

アエロフロートの機内グッズのデザインも、近年のものは西側のセンスに近づきつつある。でもやっぱり、ソ連時代の素朴さと無骨さこそがアエロの真髄なのだ。

before

after

新生ロシアになってからの機内グッズは、オシャレでシックなワインレッドが統一カラーに。以前はなかったメニューやコースターも登場し、ナプキンの質も西側に追いついてしまった。

世界のプロブレム空港

ロシアの、そしてヨーロッパ格安旅行の玄関口 モスクワ・シェレメチェヴォ-2国際空港

ШЕРЕМЕТЬЕВО-2

アエロフロート航空の拠点、シェレメチェヴォ-2（ドヴァ）空港。ここはモスクワの空の入口、そしてまたヨーロッパ方面に向かう旅行者がトランジットで利用する空港としても知られています。初めてここに降り立つ人は、制服姿の職員たちの無表情な顔と薄暗く寒々としたロビーに迎えられ、「ロシアってやっぱりブキミ」との印象を強くすることでしょう。あるいは「フーン、これが国際空港ねぇ」と冷やかな視線を投げかける人もいないではありません。ともあれここは、ロシアの旅の幕開けにふさわしい愛すべき空港です。ごゆるりとご見学ください。

シェレメチェヴォ-1空港

2があるからには1（アジン）もあるわけで、こちらはサンクトペテルブルク方面などへの国内線専用の空港です。国際線に比べると雰囲気はグッとローカルで施設も貧弱。かつて外国人客は、板壁1枚隔てただけの専用待合室で待機し、現地の人より先に搭乗する恩恵にあやかっていましたが、現在では皆平等。待合室に住みついた猫（p124参照）が、旅の疲れをねぎらってくれるなど、味わい深い空港です。

モスクワ・デューティーフリー

薄暗い空港内でただ1カ所こうこうと明かりがともるのがここ。キャビアにウォッカ、毛皮帽など高級ロシア土産に混じって、なぜかゴマフアザラシのゴマちゃんのぬいぐるみやKGBライターも。

レストラン富士

出発ロビーでレストランと名のつくものは、どういうわけか和食の店1軒だけ。メニューは富士そば、富士ラーメンなど露骨に日本人向け。

デモ行進に参加しよう!

ロシア名物デモ行進を見かけたら、見ているだけじゃつまらない。参加してこそ意義がある。メーデーと革命記念日、かつての二大イベントのデモ行進レポートをお届けしよう。

デモの混乱を収めるために赤の広場に結集した赤ら顔のソ連兵たち。

メーデー 労働者の祭典にてデモ隊に紛れ込む!

赤の広場を目指す行列の行方は

焦りはつのるばかりだった。街角のスピーカーから演説の声が聞こえる。行く手を阻む兵士の人垣が見える。なんのために、いったいなんのために、この日に照準を定めてソ連までやってきたのか……。

一九九〇年五月一日。その日、モスクワの赤の広場では、ペレストロイカの矛盾を鮮やかに描き出すような出来事が起こった。初めての労働組合単独主催、参加規制いっさいなし、という画期的措置のもとで開かれたメーデー。それは、自由を祝う労働者の喜びの祭典となるはずだった。

だが、いざフタを開けてみると、遅々として進まぬ改革への不満噴出の場となった。ソ連指導部を非難する声が飛び交い、時のソ連共産党書記長ゴルバチョフは、不快さをあらわにして早々に退場……。

と、これすべて日本に帰ってから知ったこと。あの日あの時、我々はそんな歴史的状況のただなかに

ソ連兵の鎖がデモ隊を待ち受ける。緊張が走る一瞬である。

大量の若い兵士が首都モスクワに集う光景は一種異様であるが、よく見るとみんなガキっぽくて微笑ましいのだ(p128参照)。

思い思いの主張が書かれた手作りのプラカードを持って、赤の広場に集まる庶民たち。

いたとも知らず、たいそうな大ボケをかましていた。

「また検問だ！」「これで何度目⁉」

赤の広場は完全にシャットアウトされていた。メーデーの祭典を見ようにも、会場に近づくことすらできない。選ばれた人しか見られないのかも……。

あきらめかけた頃、ようやく検問が解かれた。赤の広場入口。そこにはすでに長蛇の列ができていた。

「並ばなきゃ入れないんだ」「んじゃ並ぶかー」

行列ならもう慣れた。当時のソ連はどこへ行っても行列ばかりだったから。ディズニーランドのシンデレラ城にでも入るような気分で、赤の広場に建つネギ坊主の寺院目指して順番を待つ。

気がつけばデモ隊の一員に

ようやく目の前にレーニンの巨大な看板が見えてきた。行進曲が高らかに響き渡る——。と、その時である。それまで一緒に並んでいた人々が、急に手に手に旗やプラカードを掲げて叫び始めた。

「帰れっ、KGB、帰れっ、KGB！」

「ひっこめひっこめ、ゴルバチョーフ！」

な、な、なに？　ひょっとしてこの行列は、メー

デモ行進に紛れ込んだ我々の後ろにはマフィアの葬式、いや違った、
なんと自由民主党党首ジリノフスキー殿（左から2人目）が！

デーを見るんじゃなくて、参加する人の列……?

恐る恐る振り向けば、そこには「自由民主党」と書かれた横断幕を掲げた一団がいた。なんと我々は、最近結成されたばかりの新党のデモ隊を従えて、堂々の入場行進を繰り広げていたのだ。張り巡らされたロープの向こうから、団体観光客やマスコミ陣が我々を見ている。レーニン廟のお立ち台にゴルビーの姿はすでになかった。それでもデモ隊のシュプレヒコールは鳴りやまない。黄、緑、赤の旗を掲げた青年が人垣の間を駆け抜けると、ひときわ大きな歓声が沸き起こった。「リートワ! リートワ!」

リトアニアの独立を支援する拍手喝采の渦。つられて我々も手をたたいていた。こ、これがデモってやつなのね。期せずして我々は、本場ソ連でデモ初デビューを飾ってしまったのだった。パチパチパチ。

時に……。我々は一言、文句を述べたい。当時のガイドブックには「メーデーには軍事パレードが開かれる」、いやさ今でも「ソ連時代にはメーデーに軍事パレードが開かれた」という記述があるが、それは真っ赤な嘘である。春の軍事パレードが開かれていたのは、五月九日の戦勝記念日だっつーの!

かつてはこのようにマルクス、エンゲルス、レーニンの垂れ幕が。

レーニン廟の前で人垣を作るこわもての警備員たち。

親子総出でデモ参加。肩車の少女のリボンがとても印象的だった。

革命記念日

勝手に取材班の気分は十月革命

特派員になりすませ

一九九一年八月。八月革命によってソ連共産党はついに解散。その二カ月後、我々は未だ混乱の続く首都モスクワにいた。革命直後のソ連をいち早く見ようと矢も盾もたまらずにやってきた……わけではなく、革命記念日の軍事パレード見たさに、たまたま半年も前から予約を入れていたのだ。だが、共産党が倒れた今となっては、革命記念日もへったくれもない。当然ながらパレードは取りやめである。

「でも……なんかあるよ、絶対」

「保守派が黙っちゃいないしね」

その予感は的中した。十一月七日朝。赤の広場はミリツィア（民警）によって閉鎖され、周囲には人垣ができていた。

「何があるんだろう」「知りたいよー！」

こんな時、大いに威力を発揮するのが煙草外交である。傍らにいた青年にライターを貸したついでに

赤の広場を埋め尽くす群衆。NHKの小林記者やフジTVモスクワ支局長松浦夫妻など当時のホンモノ特派員が勢ぞろいするなか、レーニン廟前の好位置をキープした日本人記者（？）は我々だけ。

尋ねてみれば、正午からここでデモがあるという。カメラやビデオをぶら下げた我々を見て、彼、アンドレイ（p134参照）は言った。

「君たち、特派員？」

もちろんただのやじ馬だが、めんどくさいので、「ダー！」と答えてしまったのが運のツキ。彼はツカツカとミリツィアに近寄って、何事かを話し始めた。そして我々に手招きして、来いと言う。なんと我々〝特派員〟は柵のなかに入ることを許され、これから押し寄せてくるであろうデモ隊をカメラで迎え討つ特等席を与えられてしまったのだ。

「こうなったら取材班になりすますしかない」

「でもこのポケットカメラで？　このソニー8ミリビデオでぇ？」

「う、うん……」

行け行け、突撃デモ取材！

正午が近づくにつれて、柵の向こうに控えるデモ隊の数が増し、ミリツィアや警備兵たちの動きもあわただしくなってきた。

やがて正午。柵が解かれる。そのとたん、「ウォ

プラカードに書かれた主張を読んで議論をふっかける人もいて、赤の広場は大賑わい。

「国を破壊したバチあたりめ！」と辛辣なゴルバチョフ批判も。総じて高齢者はゴルビーが大嫌い。

ーッ！」という地鳴りのような声が遠くから響いてきたかと思うと、赤旗を振りかざした保守派のデモ隊が広場になだれうってきた。各国のホンモノの特派員がカメラ構えてそのあとを追う。そのまたあとを追って右往左往する我々。いつしかあたりは「レーニン！　レーニン！」の大合唱に包まれていた。

　今や我々のガイドとなって先頭を進んでいたアンドレイが、図々しくも本職のカメラマンに脚立を貸せと交渉している。「えぇー、悪いよー」と言いながらも、ちゃっかり脚立に乗ってビデオを回すエセ特派員。しかしアンドレイの親切はこれだけではすまなかった。「パイジョーム（行くぞ）！」となおも手招きし、レーニン廟の前の柵を無理矢理くぐり抜けようとする。そうはさせまじと行く手を塞ぐミリツィア。アンドレイの押しの強さと周囲の熱狂にすっかり当てられた我々は、思わず知らず叫んでいた。「ムィ・ジュルナリスティ（我々はジャーナリストだっ）！」……図々しいにもほどがある。

　そしてまんまと柵のなか、即ち赤の広場を埋め尽くす群衆を見おろす石舞台に上がり込み、本職カメラマンに混じってポケットカメラのシャッターを切

八月革命で反クーデター派の拠点となった最高会議ビル（通称ホワイトハウス）の近くには、流血事件の犠牲者たちの碑が。

犠牲者たちの顔などをあしらった八月革命記念切手と記念封筒のセット。こういうことの手回しは素早い。

り続けたのであった。

全世界に我々の勇姿が……

八月革命ではテレビを通じて「エリツィン！」の大合唱を聞いたばかりだというのに、今ここでは、「レーニン！」の声が沸き起こり、労働者賛歌『インターナショナル』の歌声さえ響いている。七四年続いた共産主義が一夜にして崩れるわけもなく、この国に今も根づく一九一七年の革命の精神に、打ちのめされる思いであった。

その夜、赤の広場は、円陣を組んで口角泡を飛ばす市民たちで溢れ返った。レーニン擁護派と反対派とに分かれての即興討論である。

「ほんと、ロシア人て議論好きだよねー」

「それだけ自分の国のことに真剣なんだ」

しばし感慨にふけっていたのも束の間、ホテルに戻ってテレビを見ていたところ……。「ぎえぇ！」なんと昼間のデモを報道するBBCニュースに、各国の報道陣に混じって小走りする日本のエセ特派員が映ってるじゃないの。BBCってことは全世界に恥をさらしたってことかぁ？　がっくり。

モスクワの革命博物館では、共産ソ連を生んだ十月革命と共産党を倒した八月革命の遺品をごっちゃに展示していた。同じ革命だからいいやと思っているのか？

アルバート通りの露店にて。クーデター五人組をブタ人形に仕立て上げるとはあっぱれなユーモア。

博物館の前庭には八月革命でバリケード代わりに使われたバスの残骸が。

注：レポートは'90～91年のものだが、現在でもロシアではことあるごとに大小のデモ行進が開かれる。

食事

庶民の味ならスタローバヤで

モスクワの簡易食堂スタローバヤにて。学食のように各自トレーにお皿を載せ、空いている席で食べる。

労働者のスープ、とでも言おうか。とにかくそのスープのなかには、巨大な肉の塊がゴロリと横たわっていた。それにポテトと黒パン、アンズジャム入りクッキー、クワスと呼ばれるジュース。これが、初めてのソ連で最初にありついたまともな食事だった。やっと、やっと食べられる！　ここまで来る道のりのなんと長かったことか――。

今日こそ食べてみせると意気込んで、レニングラード（現・サンクトペテルブルク）のホテルを出たのが五時間前。延々歩きづめだった。「あった、ピロシキ屋！」ところが入ると立ち食い形式。「じゃ、あそこのブッフェは？」これまた立ち食い。日本人は座って食事したいのだ。「ダメ、これ、パス！」

座って食事をするには、カフェとかスタローバヤと呼ばれる簡易食堂に入らなくてはならない。ようやく見つけたスタローバヤに、恐る恐る入ってみた。観察していると、人々はカッサ（レジ）でメニューを見てその場で注文している。メニューが読めない我々には荷が重すぎた。「次行こう、次！」次、といってもソ連の街はべらぼうに広い。どうかすると〝次〟とは一キロ先だったりする。

ロシア風水餃子ペリメニ（p116参照）を食べるなら専門店ペリメンナヤで。

露店のピロシキ屋さんでアツアツを買おう。

豪快に焼くシャシリク（串焼き）の露店。肉の塊がデカすぎて試さなかったのが悔やまれる。

あきらめかけた頃、ようやく、すでに盛りつけられた皿を自分で選べるセルフサービス式のスタローバヤを見つけた。以後、我々はその手の店に通い、労働者メニューで腹を満たすのが日課になった。

キャビアにサーモン、キノコの壺焼き、ビーフストロガノフにキエフ風カツレツ……日本のロシア料理店にあたりまえのようにある料理には、ついぞお目にかからなかった。そりゃあ観光客ご用達の高級レストランに行けば、帝政ロシアはかくやと思わせる豪華ディナーを堪能できるが、そうまでして食べたくはない。せっかく現地にいるからにゃ、庶民と同じものが食べたいのだ。そもそも我々程度の舌には、庶民の味が分相応なのである。

ところが——。それからあっという間に八年の歳月が流れ、サンクトペテルブルク再訪の時が来た。そして、あの時あれほど食事どころを求めてさまよったネフスキー大通りで、我々はショッキングな光景を目にすることになる。

こ、こ、これは！　どこもかしこもレストランだらけ。それもガラス張りの小ぎれいな店ばかりじゃないの。その一軒「ネフスキー40」とやらに早速入

肉入りスープや魚の薫製など素朴料理はひとり分約200円。

新生ロシアとなった現在、急増するレストランに押されて手軽な大衆食堂スタローバヤが激減。ある日、不審な矢印に導かれ、とある建物の奥へ奥へと入ってみると……。地下の薄暗がりのなかに、スタローバヤがあった！

店内に猫がいたら、それは正統派スタローバヤの証拠。テーブルの下を猫が歩いていてもロシア人は誰も気にしない。写真下の店には、厨房にまで猫がいた。

マクドナルドに負けじと、最近ではロシア純正のファーストフード店も登場。写真の店は「ヨルキ・パルキ」。ピロシキやペリメニをオシャレに食べる時代に。

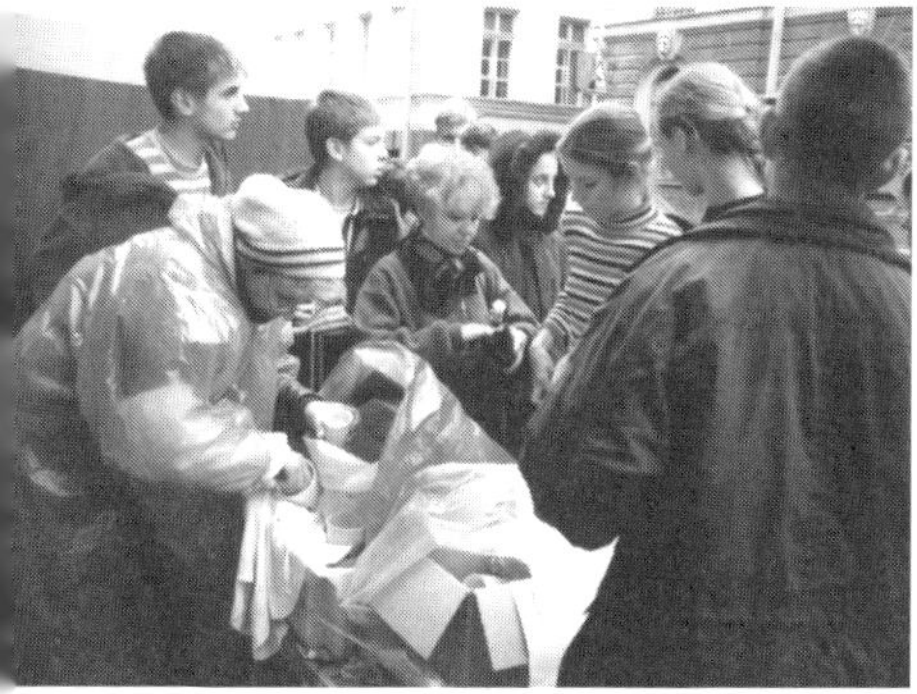

ロシア名物マロージェナエ（アイスクリーム）は、真冬に屋外で食べてこそおいしい。素朴な味わいと飽きのこない甘さ。いかなる先進諸国にも真似できないこの感動の味を、ロシアはもっと誇っていいぞ！

ってみる。おお、客がみんな「座ってる」ぞ、椅子に！　くつろいでるぞ、のんびり！　ロシア庶民の食事どころといったら、食べたらとっとと出ていくトコロ天式の大衆食堂と相場は決まっていたのに。喫茶店みたいに、グズグズ居座る場所なんてなかったのに。こんなシャレたインテリアも、こんなきれいな英語つきメニューだって、高級レストラン以外にはなかったでしょー！　しかも見て見て、あっちの客、小洒落たガラスの器に盛ったポテトサラダなんか食べちゃって。薄暗い店内で、ペコペコのプラスチックのお皿と超能力者じゃなくても曲がるアルミのスプーンで食べる庶民の食事はどこへ行ってしまったの？　ああ、ネフスキー大通りは、原宿の表参道になってしまったのね……。それはそうと、注文とりにくるのがやけに遅いんですけど。

　見れば、胸に「トーマス」と名札をつけたウェイターが、顔を真っ赤にして駆けずり回っている。無駄の多いその動き、その割には至らない気配り。たいして客もいないのに、慣れないサービス業に身も心もついていけないらしい。外見はオシャレになってもこのドン臭さ。よかった、ロシアは健在だ！

便座がなくともなんとかなるさ
トイレ

異常に高い位置にある鏡は、小柄な日本人にはないも同然。

トイレの脇に必ず置いてある大きなくずかごは、使用済みトイレットペーパーを捨てるためのもの。ロシア製ペーパーはトイレに流して溶けるようなヤワなもんじゃない。

幸い便座があったとしてもトイレ本体に比べてやけに小さい。それもペコペコのプラスチックだったりチャチな木製だったり……。

決して安宿にあらず。これが一般的な大衆ホテルの客室トイレである。

ロシアのトイレにゃ便座がない、とは有名な話である。ならどこに座るのだ⁉ すっぽりハマってやれってか？ いや、ハマりたくはない。となったら、腹筋を駆使して腰を浮かせてスルしかない。

だが慣れてしまえばなんてことはない。そのほうがロシア情緒に浸れもしよう。そもそも、旅行者が利用するようなホテルやレストランのトイレには、ソ連時代にだってとりあえず便座はついていた。

それよりロシアの公共のトイレで困るのは、不意にドアが開くことだ。鍵が壊れていることが多いうえ、向こうの人はノックもしないでいきなり開ける。

「あっ……」

目と目が合った時の決まり悪さよ。しかも彼らときたら、ごめんなさいのひと言もなく、何事もなかったかのようにバタリとドアを閉めていく。

こういうことするのって、何もおばちゃんばかりじゃない。きれいなお姉さんも、思いっきり開ける。開け方がまたハンパじゃなくて、いきなり全開。よって、個室内でしゃがんでる人は、外で待ってる人みんなに見られてしまうのだ。もっとも、見られても動じないのがロシア人。ドアを開けたまま、平気

ゴッゴッ
用を足しながらも
友人とおしゃべり
窓ぎわでノートを広げ
宿題をしている子も
よく見かけるそう。
高校の女子トイレ（想像図）

St.ペテルブルクの民族学人類学博物館にて
トイレの個室にはちゃんと扉があったが…
えーと
扉
どやどやと入ってきた学生たちは
笑いさざめきながら……

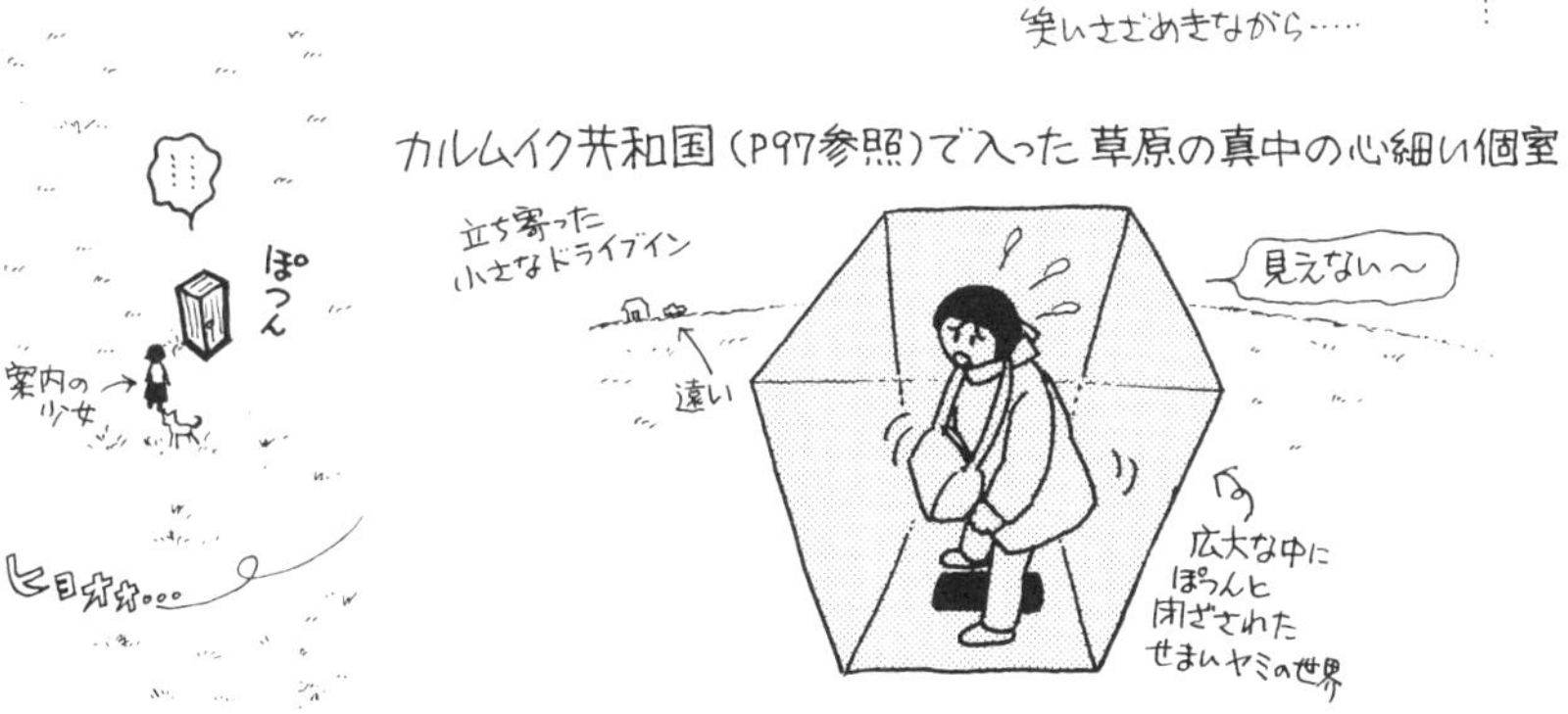
カルムイク共和国（P97参照）で入った草原の真中の心細い個室
……
ぽつん
案内の少女
ヒョオオ…
立ち寄った
小さなドライブイン
遠い
見えない〜
広大な中に
ぽつんと
閉ざされた
せまいヤミの世界

で用を足しているおばさんだっていた。

なぜ見られても平気かと言うと、どうもこの国の人たちは、生理現象はコソコソ隠れてではなく、おおらかに処理するものと認識しておるらしいのだ。

とある博物館のトイレに入った時のこと。なんかヘンだ。やけにスースーする。それもそのはず、各々の個室が、高さ一メートルくらいしかないドアと仕切りに囲まれてるだけなのだ。ってことは、ドアを閉めても隠れるのは下半身だけ。これじゃドアの向こうで待ってる人と目が合ってしまうじゃないの！

とそこへ、ぺちゃくちゃしゃべりながら女子学生ふたりがやってきて、隣合わせに個室に入った。背の高い彼女らは、しゃがんだところで個室の外から上半身が丸見え。なのに、平然とコトに及びながら、友達同士、顔を見合わせたままなおもおしゃべりを続けている。上だけ見たら、普通に雑談してるだけだが、キャハキャハと笑いさざめく可愛い顔の下では、豪快に用を足す音が……。

なんでもロシアの学校のトイレには、個室にドアさえないという話。ロシアでは女の子にも、連れションの文化があったのか！

やってくれるよ鍵おばさん

ホテル

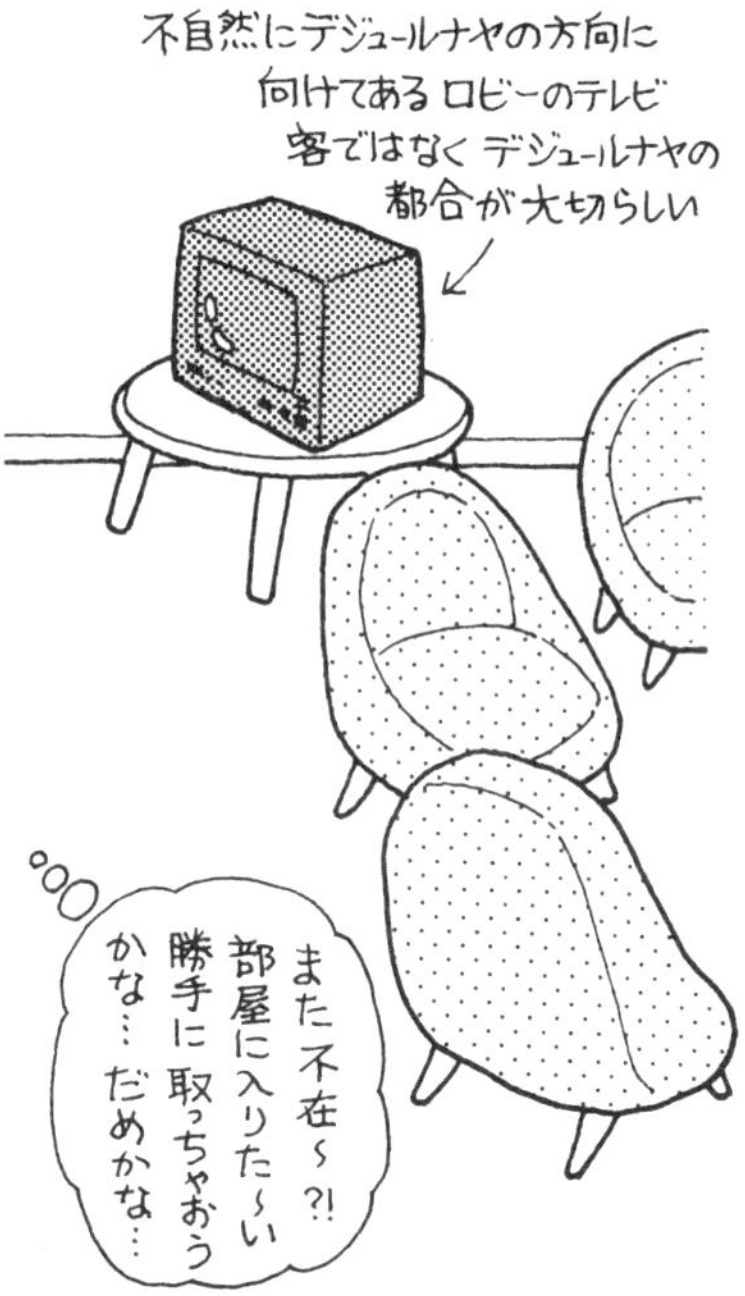

不自然にデジュールナヤの方向に
向けてあるロビーのテレビ
客ではなくデジュールナヤの
都合が大切らしい
また不在～?!
部屋に入りた～い
勝手に取っちゃおう
かな… だめかな…

モスクワはコスモス・ホテルの客室電話。一見チャチなのに重くて頑強。旧式ホテルは個人宅のように客室ごとに電話番号が違っていた。

「いやあ、こんなこと話したら私の人格疑われると思って、言わないでおこうかと思ったんですが……」

モスクワのホテルで知り合った日本人旅行者I氏が「実はゆうべ鍵おばさんが……」と切り出した。

ロシアのホテルでは各階に「デジュールナヤ」と呼ばれる女性が待機し、フロントに代わって客室の鍵の受け渡しをしている。ペレストロイカ時代だった当時、この通称「鍵おばさん」にはもうひとつ仕事があった。それは、売春婦を部屋に連れ込もうとする宿泊客からワイロを受け取ることだった。

そんな夜遊びとは無縁の初老の紳士I氏は、毎日世話になるからと、自分のフロアの鍵おばさんに飲み残しのコニャックやら何やらをプレゼントしたんだそうな。それが誤解のもとだった。

その晩遅く、ドンドンと客室のドアをたたく音。何事かと思って目覚めたI氏は、寝巻き姿のままドアを開けた。するとベロンベロンに酔っぱらったデジュールナヤが、シナをつくってなだれこみ、I氏にガバッと抱きついてきたというではないか。

「ロシア人だからデカイでしょ。もうびっくりして」

「ノー!」と「ニェット!」を繰り返し、なんとか

スタッフ控え室から
笑いさざめく声など
聞こえてくるが…
ルームNo.と
氏名が記された
ホテルカードを見せ
部屋の鍵をもらう
鍵
伸び放題の
ポトスの
鉢カバーは
「赤いきつね」
異常なほど
でかくて重い
キーホルダー付
部屋の鍵
デジュールナヤの
主な業務は鍵の管理
ほかにも飲み物用の
お湯を頼むなど
宿泊客のちょっとした用事
にも応えてくれた
椅子はしっかり
テレビの方に向けられたまま…

外に追い出したものの、気の毒にもI氏、その夜は興奮して一睡もできなかったとか。しかも朝になったら同じ女性が、ケロリと挨拶してきたというんで、またしてもI氏は混乱してしまったというしだい。

「実はその前にも部屋をノックして、入っていいかと聞かれたことがあったんですよ」

「そうですかぁ。それは災難でしたね」

　I氏によれば、当時の売春相場はお姉ちゃん本人が一〇〇ドル、お目こぼし料としてホテルの警備員二〇ドル、デジュールナヤ一〇ドルだとか。

「一晩で一〇〇ドルも稼ぐ女性を日頃から見ていて、あわよくば自分も、と思ったんですかねぇ」

　鍵おばさんが夜になると売春婦に豹変⁉　こ、恐すぎるよ～！……しかしご安心を。あれから約十年たった今、外貨稼ぎの売春婦の姿もめっきり見かけなくなったし、ロシアのホテルにも磁気カード式キーが導入されるようになった。ってことは、デジュールナヤの出番が激減してしまったのだ。確かに鍵の番のためだけに各階に常時人を配すなんて、旧共産圏らしい無駄な人材雇用の典型だ。でも、鍵おばさんのいないロシアのホテルなんてやっぱり寂しい。

紅

ようこそ！ホテル・プロブレーマへ

めくるめくプロブレム・ライフが旅に彩りを添えます

モスクワの「モスクワ・ホテル」をモデルにした重厚な石造り建築。入口では警備員がパスポート・チェックを行い、地元ロシア人の立ち入りを制限。

ロシアにも外資系のきらびやかなホテルが増えた今、ソ連時代の残り香漂う旧式ホテルは貴重な存在。そんな懐かしの宿を再現した「ホテル・プロブレーマ」が、今夏オープンします。そこで、編集部専属レポーターのプロブレーマさんが、ひと足先に体験宿泊してきてくれました。「ロシアのホテルの基本は、無駄に広い公共スペース、その割に狭い客室、やる気のないサービス。ここは、そのすべてを満たしていますね。古き良きプロブレム・ライフを、久々に堪能できました」と、達人をうならせた夢の宿をご紹介しましょう。

紹介者
プロブレーマさん

「ロシアの旅にプロブレムは欠かせません」と語る“プロブレムの達人”プロブレーマさん。どんな窮地に立たされても「ちょっぴり困ってすぐに笑って立ち直る」のだそうです。

省スペースをとことん追求した客室に、定番の小さく硬いベッドと火を吹くテレビが。外出の際はテレビのコンセントを抜くよう心がけよう。

壁には憧れの盗聴機が仕込まれている。一見怪しいがこれは壁かけ式の巨大ラジオ。旧式ホテルには欠かせないアイテムのひとつだ。

昔ながらの二重窓の間に、慣れた手つきで飲み物や果物を並べるプロブレーマさん。「こうしておくといつも冷えたビールが飲めるんです。いわば天然冷蔵庫ですね」と達人の技を披露してくれた。

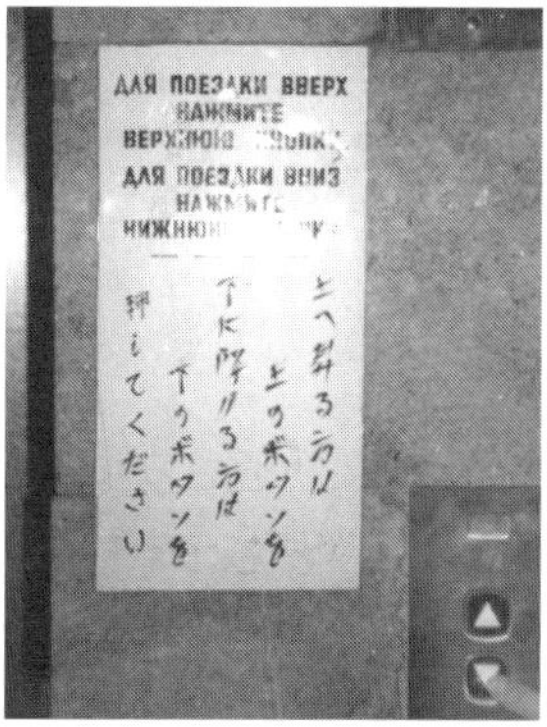

エレベーター脇には人を小馬鹿にした親切な日本語表記。「妙な形をした文字もポイント高いですね」とプロブレーマさんもご満悦。

むやみに広いだけのロビー、無造作に生い茂る観葉植物、館内を我が物顔で徘徊する猫など、ロシアのもつ懐の広さを感じさせてくれる珠玉の宿だ。もちろん各フロアにデジュールナヤが待機し、「夜の女性のご用命も密かにうけたまわります」とのこと。

遊園地気分で乗りこなそう

乗り物

地下鉄（メトロ）Метро

奈落の底まで突き落とされるかと思った長い長いエスカレーターを下りると、やがて宮殿のようなホームに。この、地下鉄に乗るまでの導入部分からしてがゾクゾクする。さらに車内に響く女性のアナウンスが、スローガンでも唱えるかのごとく威圧的で近未来的。実は「次は○○駅」と言ってるだけなのだが。

地下鉄ホームの脇には2つの電光表示が。左は現在時刻、右は前の地下鉄が出発してから何分何秒たったかを示している。

ロシアはさながら乗り物ランド。昔懐かしいボンネットバスが走っていたり、日本では希有な存在となった路面電車やトロリーバスが、今も第一線で活躍している。そして、大都市に欠かせないのがメトロこと地下鉄。特にモスクワのメトロ構内（p44参照）は壮麗な装飾に彩られ、地下宮殿かと見紛うほどだ。これだけ多彩な乗り物が揃っているうえ、いずれも、どこまで乗っても均一料金。ボリまくりタクシーに乗るのは最後の手段と心得、路線地図を見ながら各種アトラクションをお楽しみあれ。

5カペイカ硬貨

モスクワのジェトン

ペテルブルクのジェトン

かつては5カペイカ硬貨をそのまま自動改札に投入していたが、今は切符代わりのジェトン（メダル）制。メトロカードも登場したぞ。

架線からポールがはずれたら…
はずれた
電気がこなくなり止まる
運転手出動→
はずれてハネ上がってしまったポールにむすんだロープを引いて架線の下まで
架線
ポールを下げ ポールに加わっている上向きのバネの力を利用してロープで位置をあやつりながら もどす
6631
うまくあやつれそうもない時には後部ハシゴから屋根に上り 架線に近い位置でロープをあやつることも…
ポールにつながるロープはほどよくたるませ 残りはまきとっておく……らしい

バス・トロリー・トラム
автобус троллейбус трамвай

地上を縦横に走るのが、バス(アフトーブス)、トロリーバス（トロリーブス)、トラム即ち路面電車(トランヴァイ)の3種。いったいどんな走り分けをしているのか知らないが、ダブって走っている路線も多く、チケットは3種共通。なかでもトロリーは旧共産圏に多く残るマニア必見の乗り物である。角を曲がりきれなくて交通渋滞を引き起こしたり、架線がはずれて立ち往生したりと、現地の人にはすこぶる評判が悪いが、そこがまた味わい深い。

Минжилкомхоз
830020
ТРОЛЛЕЙБУС
КОНТРОЛЬНЫЙ БИЛЕТ
Сер. БЕ-834
Минжилкомхоз
830019
ТРОЛЛЕЙБУС
КОНТРОЛЬНЫЙ БИЛЕТ
Сер. БЕ-834

ザラザラのわら半紙のチケットを、車内備え付けのパンチにはさんで自分で穴を開けるシステム。てことは無賃乗車も可能だが、みんな意外なほど律儀。

ハバロフスク市内を走っていたボンネットバス。昭和三十年代かと思った。

タクシー такси

こちら正規のメーター・タクシー。ひと頃は闇タクが横行し、正規のタクシーでさえ信用ならなかったが、最近は正常化しつつあるらしい。「らしい」というのは、我々庶民派はタクシーなど数えるほどしか乗ったことがないからだ。

私のプロブレーマ自慢

トロリーバスを タクシー代わりに

吉岡正広（埼玉県・会社経営・67歳）

　あれはまだサンクトペテルブルクがレニングラードと呼ばれていた頃でした。ふと冒険心を起こした私は、市内からホテルまでトロリーバスに乗って帰ることにしました。ところがトロリーは見慣れぬ小道にずんずんと入っていきます。やがて橋を越え、車窓には十月革命の始まりを告げる砲声を放った、あの「巡洋艦オーロラ号」の勇姿が見えてきました。そしてついには終点に着いてしまったではありませんか。私としたことが、うっかり降りる場所を見落としてしまったようなのです。

　これには参りました。運転手に身振り手振りでその旨を伝えましたところ、じきに出発するのでこのまま乗っていれば大丈夫、ちゃんと目的地で降ろしてあげるから、と言っているようなのでひと安心。運ちゃんは露西亜煙草をすすめてくれたうえ、約束通り、ホテル前の停留所で降ろしてくれました。もとはと言えば私の失敗に端を発したことですが、思いがけず「オーロラ号」を見ることもでき、ホテルまで送り届けてもらうに至っては、何やら今日は半日、トロリーを観光タクシー代わりに使ってしまったようだなあ、とほのぼのとした気分になりました。

　これに気をよくした私は、翌日もまたトロリーに乗り込みました。ところが、走り出したかと思えばいきなり終点。今度は、反対方向に向かうトロリーに乗ってしまったのです。いやはや年甲斐もなく冒険はするものではないと思ったものでした。

トロリーバスの停留所。うしろに私の泊まったプリバルチスカヤ・ホテルが見えます。懐かしい旅のひとコマです。

＊読書上の注意・北方領土問題初心者はp154をご参照ください。

その２。愛国主義者吠える！の巻

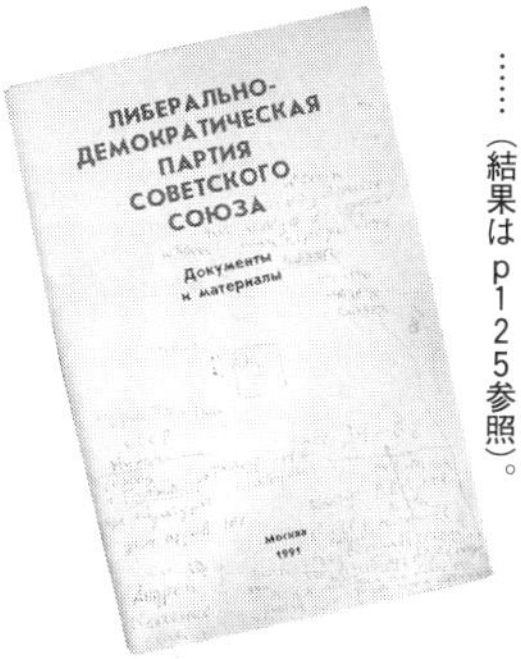

ジリノフスキー殿にいただいた「自由民主党」（注・日本の自民党とは無関係）の政治パンフ。ジリちゃん直通の電話番号が書いてあったので電話してみたら……（結果はp125参照）。

色丹●あれだけ盛り上がってた返還運動、エリツィン再度の来日延期ですっかり盛り下がっちゃいましたね。

歯舞●エリツィン危機で日本が遠慮してる間に、ロシアはちゃっかり「領土問題存在せず」に立ち戻り。

国後●せっかく「なぜほしい北方領土、右翼100人に聞きました」とかやろうと思ってたのに。最近は右翼の皆さんも国内問題で忙しそうだしなー。

歯舞●そういや、TBS『ニュース23』の金平レポート（金平茂紀特派員の「世紀末モスクワを行く」シリーズ）見た？　旧共産党を支持する反エリツィン集会で、旗振り回す日本の左翼を称して「日本の左翼もロシアでは保守派」だって。

国後●なんじゃそりゃ？　今や急進派のエリツィンに対し、保守派の先頭に立つのは愛国主義の右翼。ってことは、日本の左翼はロシアでは右翼に近いのか⁉

色丹●その番組見た！　で、ロシアの右翼党首ジリノフスキー（p64参照）とかいうヤツが奮ってて「こんな小さい島がほしいなら4つと言わず5つくれてやる。そのかわり北海道を占領するぞ！」だって。

国後●ほう、それは珍案だ。いっそ北海道と沖縄は独立すればいいのに。

歯舞●おいおい。もっとも「日本だってアイヌを追い出したじゃないか」というジリノフスキーの指摘は痛いよね。

色丹●先住民にしたらいい迷惑だったろうに。平和に暮らしてたのに、北からはロシア人にラッコ猟の邪魔をされ、南からは和人に「ここは松前藩の直轄地だからラッコを売れ」と迫られ……。

国後●え、ラッコがいたんだ。可愛〜。

歯舞●でも松前藩の直轄地といったって、どうせ勝手に決めたんでしょ。コロンブスが大陸“発見”したみたいに。

色丹●そうそう、単に“未開の地”を見つけただけで所有権を主張するのはいかがなものか。しかも物の本によれば、18世紀後半、松前藩は江戸幕府に隠れてロシア商人と密貿易してたらしいよ。

国後●やっぱり！　北海道は極東ロシアと共にひとつの文化圏を形成していたのね。昔も今もこれからも……。

歯舞●そ、中央は何もわかっちゃいないんだから。そもそもこの問題は、北海道とサハリン州とアイヌ民族が話し合って決めればいいのよ。

国後●じゃあ、ムツゴロウ王国にはパスポートを持って行くことになるのね。

歯舞・色丹●え……。　（1993年5月）

劇場

芸術の殿堂はダフ屋の牙城

モスクワ中心地に鎮座する天下のボリショイ劇場。建物前の広場には、夕方になるとダフ屋が結集。ペレストロイカ時代は外貨稼ぎの子供ダフ屋もいたが、今はダフ屋も純然たるビジネスか。

実は我々、つい近年までボリショイ・クラスの超有名劇場に行ったことがなかった。なぜって、ボラれるからだ。おおかたのチケットは、事前に旅行会社やダフ屋が押さえてしまっているので、正規料金の何倍、いや何十倍もの金を払わねば手に入らない。そうまでして見なくていいわい、と頑なに思ってきたのだ。しかし、一九九八年のある日――。

「ロミオとジュリエットが三五ルーブルだって！」

「ムソルグスキー・オペラ・バレエ劇場……。日付は……今日だ。よし、買った！」

サンクトペテルブルク市内のキオスク（p114参照）で劇場チケットを物色していた我々は、日頃の優柔不断を払拭すべく、即決でそのチケットを購入。ムソルグスキー・オペラ・バレエ劇場とは、旧名をマールイ劇場といい、ペテルブルクではマリンスキー（旧キーロフ）劇場と並ぶ大劇場である。そして、三五ルーブルとは、現地ではジュース一〇本分の値段、その時のレートで約二八〇円だった。

「問題は席だよね」

「ベルエタージュ、って書いてあるから二階席か。どうせ遠くて見えないんでないの～」

ボリショイ劇場のチケット売り場。ずっと先の公演でも売り切れになるくらいだから当日券などあるはずもなし。かわりにダフ屋の兄ちゃんたちがしっかり待機。

劇場のチケットを売る街角のキオスク。窓にチケットの現物が張り出されているので、指をさせば買えるというわかりやすさ。この原始的システムを末永く保っていただきたい。

その晩、劇場にて――。二階に上がり、会場に入ろうとすると、案内係が我々のチケットを見て、あっちだ、とあらぬ方向を指さした。「あっち」にあるのは廊下の行き止まり。ドアがあるけど、どう見ても掃除道具入れにしか見えないんですけど……。

怪訝そうにしている我々を見かねて、案内係が近寄ってくる。で、やおらそのドアを開けると、三畳間くらいの小部屋の中に我々を押し込んだ。バタリと無情にも閉まるドア。げげっ、真っ暗〜、まさか物置きに閉じこめられたんじゃないでしょうね〜。

闇のなかに射し込む一条の光を頼りに、右手奥にあるもうひとつの扉を開けてみる。おおっ！ す、すごい……。張り出したバルコニーの向こうに、劇場全体が見渡せる。こ、これはまさか……。

ペラペラのわら半紙のチケットを見直してみると、「ベルエタージュ」の前に「ロージャ」と書いてある。それは「二階ボックス席」のこと。舞台のすぐ脇にある特等席のことだった。これで二八〇円⁉

出し物の質の高さは当然としても、特等席でかぶりつきってのは、一度体験したらやめられない。気をよくした我々は、モスクワでついにボリショイ初

レニングラード時代のサンクトペテルブルクにて、アカデミー・コメディ劇場を訪ねる。

芝居のチケットを買おうとしたら、窓口のおばちゃんに「ロシア語がわからないなら人形劇かバレエにしなさい」とたしなめられた。せっかくのご忠告を無視した我々は、案の定、芝居の最中に舟をこぎまくるはめに。

体験を試みた。

だが、さすがボリショイはダフ屋の牙城。街なかのキオスクに出回るチケットなど一枚もない。開演間際を狙ってダフ屋にあたってみても、最上階のメチャ悪い席を一〇〇ルーブルで売りつけてくる。チケットにはハッキリ「四ルーブル」と書いてあるっちゅうに。だが、同じチケットをホテルで手配すると、二五ドルすることは事前調査済みだった。つまり、ホテルで約三〇〇〇円、ダフ屋で約八〇〇円、正規料金は約三〇円。これが、同じ席の値段かよ。だからボリショイはいやなの。

それでも結局、ダフ屋を儲けさせてやったのは、どうしてもボリショイ詣でを果たさねばならぬ使命があったから。それは、かつてモスクワのホテルで知り合った今は亡きおじさまの遺言。

「一度はボリショイに行きなさい――」

そう言ってあの時恵んでくださった一〇ドルをダフ屋に渡すのが惜しくなって、私たちってば全額で免税店のチョコレートをバカ買いしてしまったんですぅ。おじさま、ごめんなさい。今ようやくそのご恩に報い、ボリショイ・デビューを果たしましたよ。

dedicated to Mr.I.

アカデミー・コメディ劇場のパンフレット（左）とチケット（下）。劇場名のロゴがおしゃれで可愛い。写真は1991年のものだが、現在も劇場パンフはペラペラの小冊子ふう。

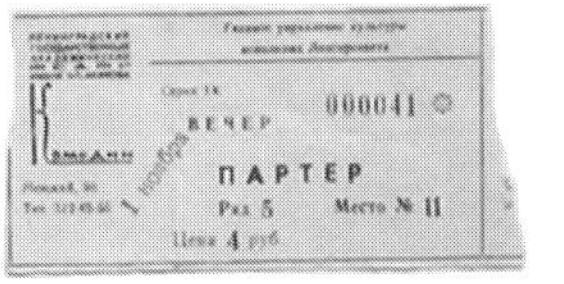

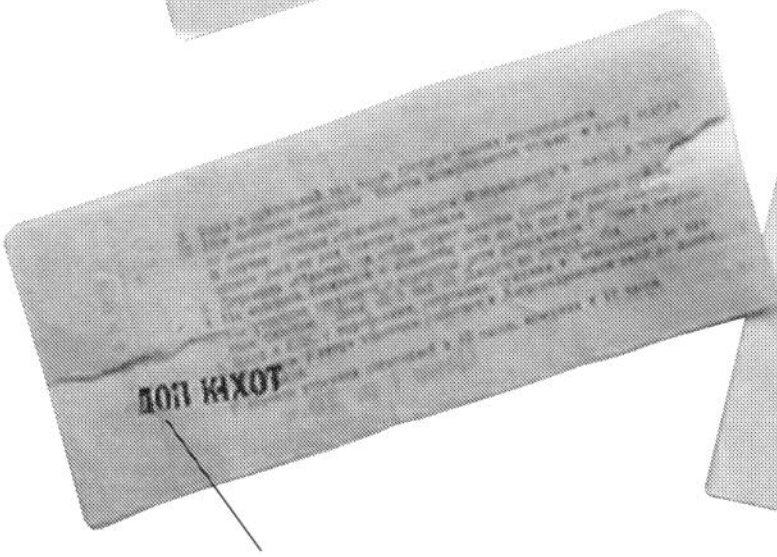

演目名はチケットの裏に“スタンプ”してある。

日付は表面にスタンプ。

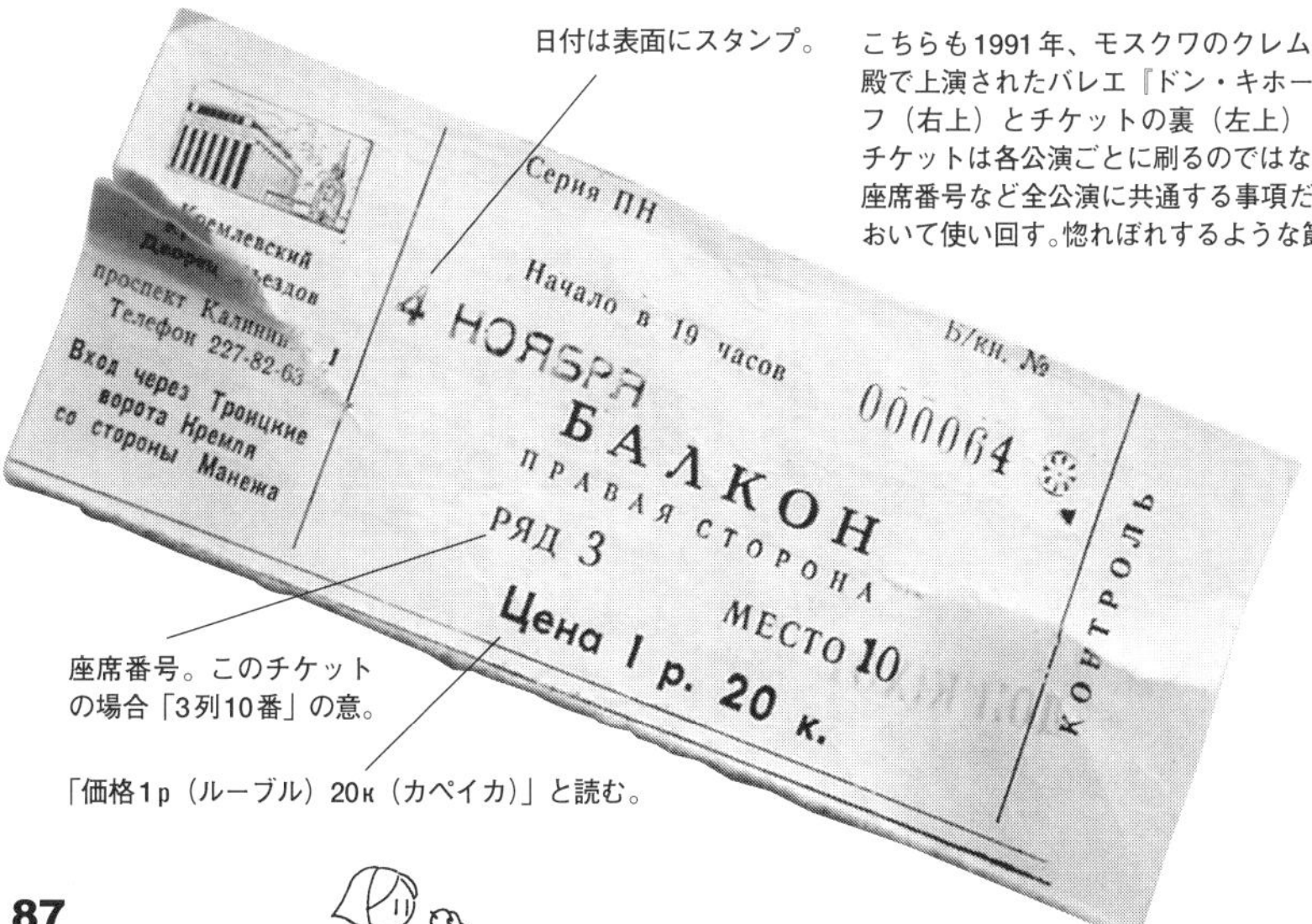

こちらも1991年、モスクワのクレムリン大会宮殿で上演されたバレエ『ドン・キホーテ』のパンフ（右上）とチケットの裏（左上）・表（下）。チケットは各公演ごとに刷るのではなく、劇場名、座席番号など全公演に共通する事項だけ印刷しておいて使い回す。惚れぼれするような節約ぶりだ。

入場すると係員がチケットの端を破り取るか、写真左端のようにビリッと裂け目を入れてくれる。

座席番号。このチケットの場合「3列10番」の意。

「価格1р（ルーブル）20к（カペイカ）」と読む。

まだまだあるぞロシアのエンターテイメント

КИНО
ШЕРЕМЕТЬЕВО-2

ロシア映画にも駄作あり。暇つぶしに見た『シェレメチェヴォ-2』は、メロドラマなのに客席からドッと笑いが起きるほどダサイ超B級作品であった。

映画

Кинотеатр «КОСМОС»
РЯД
МЕСТО
70 коп.
г. МОСКВА

映画のチケットは全席指定。

ロシアで上映される外国映画は、字幕スーパーでも吹き替えでもなく「ひとりアテレコ」。全登場人物のセリフを、たったひとりの人が、同時通訳の要領で淡々と訳していく。二カ国語放送を同時に聞くのと同じで、相当疲れるしシラケるのだ。

ロシア的
アヴァンギャルドを
探せ！
★1951年生まれ。『ソヴィエトの新聞』などのカルト・ヒットをもつ人気バンド、ズヴーキ・ムーのリーダー／ヴォーカリスト。そのステージングはどことなく70年代後半ニューヨークのパンク・ニューウェーブを彷彿とさせる。案の定、初のレコーディングはイーノのプロデュースだと。映画『タクシー・ブルース』『僕の無事を祈ってくれ』などで怪演を見せた役者としても知られる。
一見すると人のいいオヤジ、
してその実態は……。
ピョートル・マモーノフ
П. МаМОНОВ
ウィットに富んだ酔っぱらい
奔放なダンサー
「とても洒脱で、そしてすぐれた曲」を書く男
勇ましいろくでなし
とるに足らない不機嫌な酔っぱらい
のひょうきんもの
デヴィッド・バーンも顔負けの
賑やかで奇妙な動きをするショーマン
……これすべてロック・ジャーナリスト、
A・トロイツキーがマモーノフを形容した言葉。
よーするに要チェック人物である。

『勝手にロシア通信』1993年5月号より

Бригада С

ロシア的アヴァンギャルドを探せ！

ブリガーダS

ポップでアヴァンギャルドなブラス・ロック、
あるいはプロレタリアン・ジャズ。
ヘビメタ全盛のロシア・ロックシーンでは
ちょっと異質な趣味よしバンド。
それが、ブリガーダ（船団）S！

ベース／セルゲイ・ガラニン
ギター／クリル・トゥルソフ
パーカッション／イーゴリ・ヤルツェフ
キーボード／セルゲイ・テネンバウム
トランペット／エフゲニー・コロツコフ&イーゴリ・マルコフ
トロンボーン／マクシム・リハチョフ
サックス／レオニード・チェリャンビンスキー

★ヴォーカル／イーゴリ・スカチョフ。1959年モスクワ郊外ツシノ生まれ。鉄道大学でエンジニアを目指すも音楽に転向。役者として映画出演も多数。スターリンの粛清時代に無実の人々を助けた役人の役を演じたことも。昨年のクーデターの際は、反クーデター運動に加わり、ホワイトハウス（ロシア共和国ビル）に立てこもった。

『勝手にロシア通信』1992年12月号より

新生ロシアにはゲイクラブも誕生。「ダークルーム」って何するのかしら？

テレビ

ペレストロイカの時代からロシアのテレビはメチャ面白い。音楽情報番組、映画、アニメ、人形劇、ドキュメンタリーなどなど時間帯を問わずプログラム多彩。うっかりしてると一日中テレビ漬けに。

ビデオバー

映画館のようにちゃんと上映作品と時間が告知され、お茶しながら映画鑑賞。バーというよりビデオ喫茶だ。

博物館

あっぱれ偏愛コレクション

巨大な建物に、膨大なコレクションをこれでもかとばかりに集めるロシアの博物館や美術館。その偏執狂ぶりがまた、微妙に的はずれだったりするのがいかにもこの国のやりそうなこと。そこで、サンクトペテルブルクの二大おすすめ博物館を紹介しよう。

動物学博物館
Зоологический музей

ノミからマンモスまで、ありとあらゆる動物の標本や剥製を展示。それだけならまだしも展示法が奮ってて、それぞれの動物が住む環境を再現して生態を伝えるというジオラマ仕立てだ。しかも、剥製にまで演技指導（？）を施すところがさすがロシア。それにしても、海の生き物コーナーにカニの缶詰まで展示してあったのはどういうこと？

猫コーナーには剥製数体と猫ミイラ2体が。左下の白い猫の口もとにくわえられているのは、にゃんとネズミの剥製だ。このリアルさはどういう神経？

わ〜可愛い、ペンギンの赤ちゃんがいっぱい！　でも……これすべて剥製。しかもよく見ると1匹1匹表情と仕草が違う。いったい誰がどんな顔して、この剥製たちに演技をつけていったのか、それを想像しただけでも笑える。

外国人料金のひみつ

ロシアの有名博物館・美術館の入場料には「外国人料金」なるものがある。ロシア人なら50円くらいですむところが、ガイジンだと1000円近くぼったくられたりするのだ。だがそれを逆手にとれば、横入りも思いのまま。外国人特権を濫用してみよう。

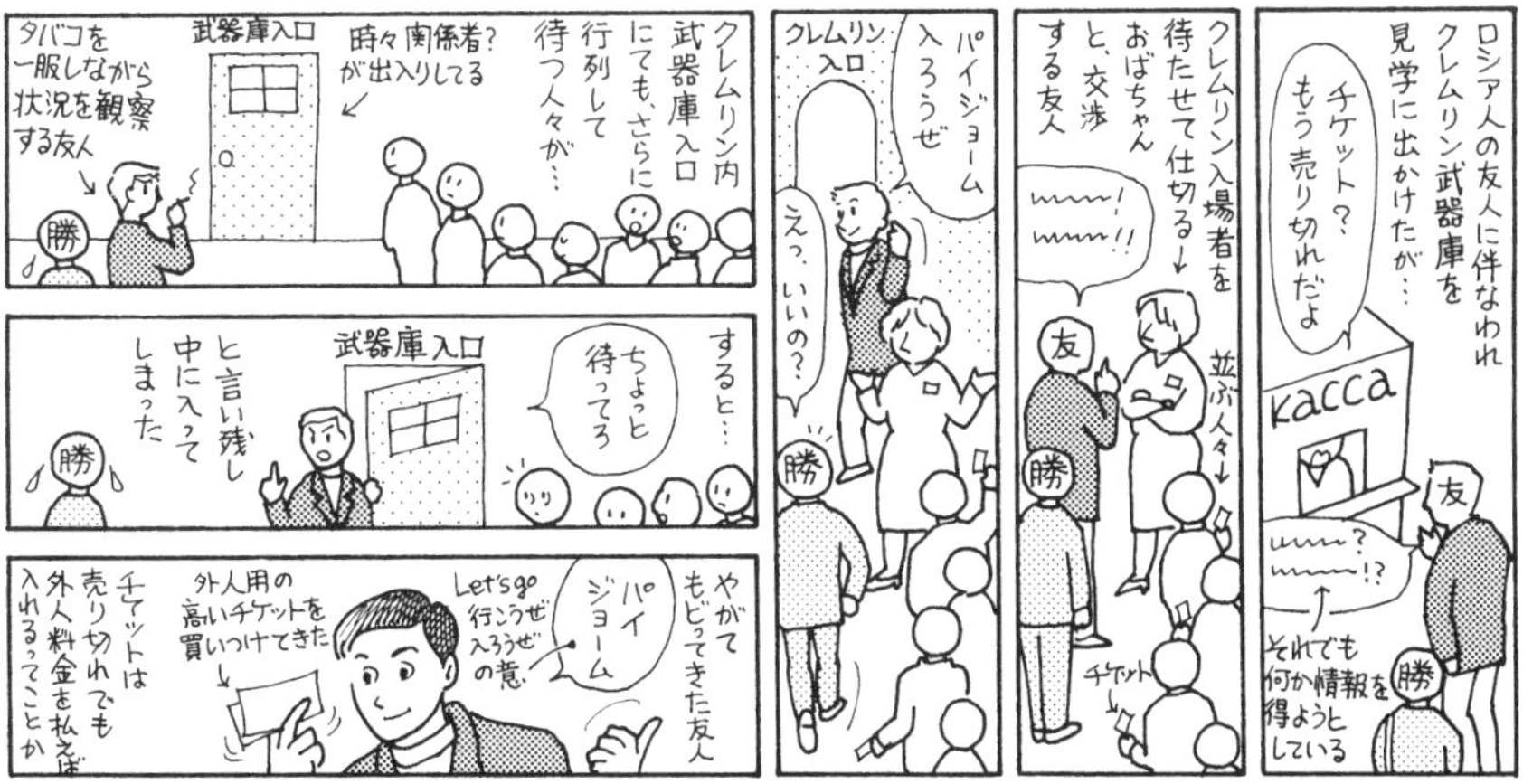

人類学民族学博物館（クンストカメラ）
Кунсткамера

ピョートル1世が集めた「珍品コレクション（クンストカメラ）」がここの目玉。ほかに各国の文化・風習を伝える膨大な展示品があるのだが、土産物屋で買ってきたような木彫りの置物やガラクタのたぐいまでがぞんざいに並べられていた。社会科見学の子らがたくさん来てたけど、これで勉強になるのか？

民族学部門の日本コーナーはお笑い満載。着物姿のマネキンが大げさにガラスケースに収まっているのは、七五三のつもりか。あまりのおどろおどろしさにウケまくっていたのは我々だけで、みんな真剣に見てるのが恐い。

ピョートル1世のコレクションは、双頭の動物の剥製、奇形児のホルマリン漬け、家来の虫歯などなど相当にえげつない。それをまた「よく見ておきなさい」と子供に強要する親あり、得々と生徒たちに解説する引率の先生あり、頬寄せながら見てるカップルあり、どーなってんの？

その他の博物館美術館

〈モスクワ〉

●トレチャコフ美術館

首都モスクワが誇るロシア美術の殿堂。あっと気づいたら入場から４時間半もたっていたほど所蔵品が多いが、イコンさえ見れば十分である。

●プーシキン美術館

サロン風の瀟洒な館内にヨーロッパの近代絵画。西側臭が強いのが不満だが、訪問時はロドチェンコ作品がたくさん見られたのでよしとしよう。

●革命博物館

ポスター、食器など20世紀初頭の革命芸術は感涙。（p69参照）

●民芸博物館

ロシア各地の陶器、装飾など。土足厳禁。入口で配られるオーバーシューズが可愛かった。

〈サンクトペテルブルク〉

●エルミタージュ美術館

絢爛というよりキンキラ趣味の宮殿にヨーロッパ絵画の膨大なコレクション。窓から射し込む自然光が額のガラスに反射して、せっかくの名画が台無しだった。

●ロシア美術館

土着臭たっぷりのロシア美術の変遷をたどるならここ。有名作品は外国に出稼ぎに出ていることが多いのが難。

●民族博物館

多民族の暮らしを紹介。そり付きの移動家屋の模型が一番印象に残ってる。キャンピングカーの雪国バージョンってとこか。

●劇場音楽芸術博物館

舞台美術やバレエの衣装など趣味の良さはピカイチ。訪問時は客がいなくて貸し切り状態だった。

博物館入口には不気味な人形や巨大な男根をあしらったトーテムポールのようなものが並んでいた。ほかに置き場所がないからここに置いちゃおーって感じである。

そばのせいろ
とっくり
ぐいのみ
刺身
急須と湯のみ茶碗
赤飯
和定食（ごはん、みそ汁、おかず、おひたしなど）
皿に並んだ冷や奴
寿司おけ

「日本人はこんなものを食べています」のコーナー。間違ってはいないがこれじゃ昭和初期の食卓だ。ほかの国の展示もこの程度の底の浅さ。

ロシアの友を日本に呼ぼう！

複雑怪奇、招待状発行の手続きに挑戦

「しょうたいじょう、ください」

すべてはロシアの友メルゲンの懇願から始まった。日本人がロシアを訪ねる際に招待状（p56参照）が必要なように、ロシア人が個人で日本に来ようと思ったら、ツテを頼って日本人に招待状を書いてもらうしかない。よっしゃ、ここはひと肌脱ぐか、てなわけで「メルゲンを日本に呼ぼうプロジェクト」ほっそーく！

帰国後、外務省外国人課に問い合わせる。そしてガク然。「招待状」ってただ送ればいいってもんじゃなかったのだ！

ひょんなことから知り合ったロシアの友メルゲン（左）。モンゴル系ゆえ日本にひとかたならぬ親近感を抱いている彼が、日本に行きたいと言い出した。

これがロシア人の招き方だっ！

❶ 招待状作成

メルゲンを日本に招きます、と書状を書く。でもこれだけじゃダメ。この招待状の署名が招待者本人のものであることを以下の場所で証認を受け、初めて正式な招待状となるのだ。

❷ 公証人役場へ

作成した招待状とパスポート、印鑑証明、印鑑を持っていざ公証人役場へ。「えーと、1万円いただきます」「エッ、いちまんえん」手にした書類をポトリと落とさんばかりに大声出せば、職員、申し訳なげに「ええ、ちょっと高いんですが」……ちょっとじゃないよ！

❸ 法務局へ

翌朝、次は法務局詣で。ここは幸いタダだったが「あさってまでに書類を用意しておきますので」と窓口のお姉さん。えっ？　あさってまた来いっての？　今すぐ作れよー。

❹ 外務省領事移住部領事政策課証明班へ

2日後、法務局で書類を受け取り、その足で外務省に行く。ここでもまた「あした来い」と言われる。こーなったらヤケクソである。

❺ ロシア大使館へ

翌朝、外務省で書類を受け取り、最後の砦ロシア大使館へ。ここはあっさりその場でOK。そのかわりしっかり7500円ふんだくられたが。とにかくこれで書類は揃ったぞー！

❻ 招待状を申請人に送付

メルゲンいわく、外国からの手紙はしばしば検問と称してＫＧＢ（当時）職員に抜き取られるという。そこで日本製のパリッとした封筒は避け、ロシアで買ったチープな封筒に入れて送ることに。はたして無事届くのか。１カ月後、ようやくメルゲンから「届いた」との知らせ。よし、残るは以下の関門だ！

❼ 申請人、モスクワの日本大使館で申請

申請人つまりメルゲンが、我々の送った招待状を持参して、ビザ申請の手続きをとる。

❽ モスクワから日本の外務省に申請受理の連絡入る

❾ 身元保証人、外務省外国人課の連絡を受けて審査に必要な書類を提出

❿ 審査にパスすればビザ発給

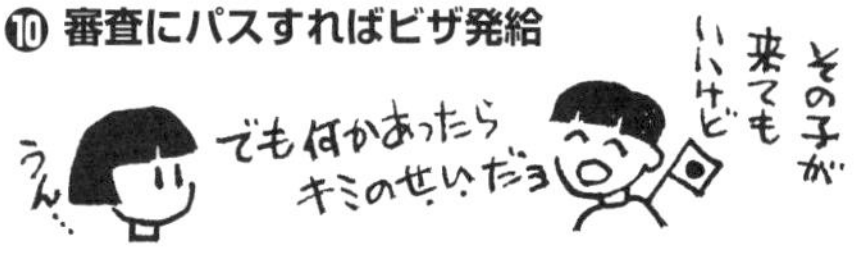

そこで外務省からの連絡に備えて、審査に必要な１身元保証書、２入国理由書、３滞在日程表、さらに身元保証人の４在職証明書、５源泉徴収票、６住民票を揃えておいた。

それにしても仰々しいよなー。特に腹が立つのは、身元保証書の特記事項。「滞在日程の変更の都度あらかじめ関係省庁へ報告し、その際の指導事項を遵守させること」「入国目的以外の活動を行わせないようにすること」……と、これじゃハナから犯罪者扱い！ そのうえ帰国したあとは「帰国報告書」を提出しろだとー？ 日本の役所は旧ソ連か!?

それからさらに一カ月。待てど暮らせど外務省から審査の通知は来ない。そんなある日、メルゲンから手紙が届いた。「ビザありがと。パスポートはまだ?」ナヌーッ！ ぱすぽーとぉ? それは自分で申請するんだろ！ それに「ビザありがと」って、まさか招待状がビザだと思ってるわけ? てことはまだ日本大使館にも行ってない!? 本人が申請しなくていったいどーすんのよ！

あわてて「即、大使館に行け！ ビザを申請するのは我々ではなくアナタなのだ」と手紙を書く（電話はないのだ）。が、そうこうするうち月日は流れ、メルゲンの入国予定日は過ぎてしまった。やがて「スミマセン、アリガトウ、サヨナラ」とメルゲンから意味不明の手紙が。

なんてこった……。我々は甘かった。一般的ロシア人の無知さかげんを計算に入れるのを忘れていたのだ！

＊当プロジェクトは1991年11月〜1992年5月まで半年がかりで実施された。

注・現在は❶〜❺の招待状証認は不要となったほか、また、「招待状方式」に代わって招待状のいらない「新方式」なるものに移行しつつある。と書くと手続きが楽になったみたいだが、楽になるのは役所だけで、身元保証人が揃えるべき書類は前より増えた。「入国目的を立証できる資料」とか「滞在費は誰がいくら負担するのか」とか……。はァ?

というわけで企画変更
「メルゲンを探せ！ プロジェクト」

カルムイク共和国で尋ね人は探せるのか？

待っていてもラチがあかないカルムイクの友メルゲン。
そうこうするうち混乱のロシアからは手紙さえ届かず、
音信不通となってしまった。
こうなったらこちらから押しかけるのみ。
でもどーやって!?　メルゲンの家には電話がない。
わかっているのは実家の住所だけなのだ。
カルムイク共和国ケチェニェレ――。
地図にも出てない地名だが、
えーい、行ってしまえばなんとかなるさ！

モスクワから小型機ヤコブレフに
乗って約3時間、エリスタ空港着。

首都エリスタには来たものの

あたり一面の草ボーボー。それが、カルムイク共和国の空港に降り立って初めて見た光景……そしてそれがこの国のすべてであった。なにしろ首都エリスタからして、林のなかに民家がまばらに点在しているありさまだ。首都がこれじゃ、メルゲンが住むケチェニエレっていったいどんな田舎なの～？

案の定、その不安は、空港からホテルまで送ってくれたインツーリスト（p56参照）さし回しのドライバーの一言によって決定的となった。

「ケチェニエレまでひとりで行く!? そりゃ無謀だ」

「でも地図を買えば、なんとかバスで行けるでしょ」

「地図？ そんなもの見たことないねー」

ゲッ、マズイ。地図すらないのかこの国は。

「それにバスに乗ったら平原の真んなかで降ろされて、村まで四キロは歩かなきゃならんぞ」

ううむ、四キロなら歩ける距離だが、平原で迷ったらシャレにならんしなー。

「タクシーで行く手もある。だがドルはいかん。ルーブルで交渉したまえ」

カルムイクの民族舞踏は高い跳躍と小刻みに踏むステップが特徴。ロシア民族舞踏の最高峰、モイセーエフ・バレエ団も演目にとりあげている「カルムイクの鳥の踊り」は秀逸だ。

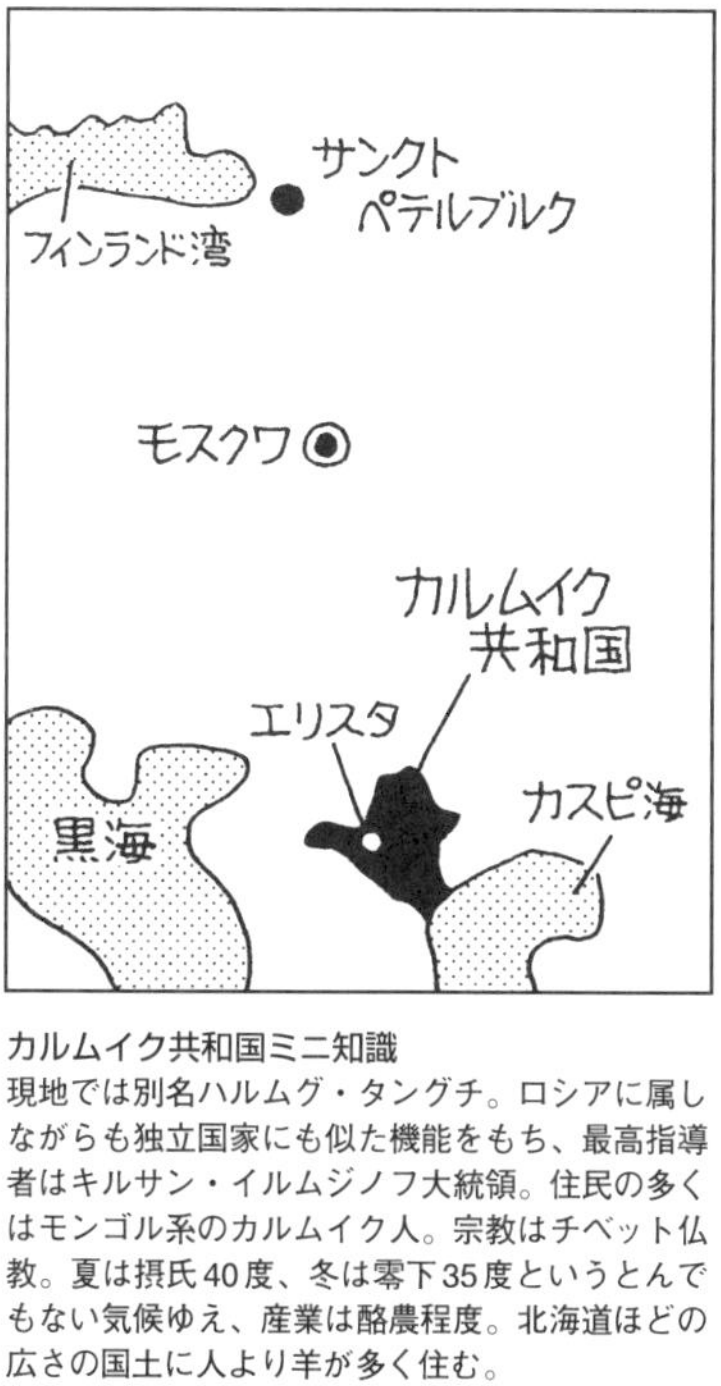

カルムイク共和国ミニ知識
現地では別名ハルムグ・タングチ。ロシアに属しながらも独立国家にも似た機能をもち、最高指導者はキルサン・イルムジノフ大統領。住民の多くはモンゴル系のカルムイク人。宗教はチベット仏教。夏は摂氏40度、冬は零下35度というとんでもない気候ゆえ、産業は酪農程度。北海道ほどの広さの国土に人より羊が多く住む。

タクシーかぁ。いくらするの？

「うーん、最低でも一万五〇〇〇ルーブル（当時約一〇〇〇円）かな。そんなに払えるかぁ？　えっ、払える？　……ならわしが行こう。一〇ドルで」

おいおい、たった今、ドルはいかんと言ったばかりじゃないか！　ま、いいけどー。

ともあれその夜はエリスタ・ホテルに宿泊。でもここ、レストランは閉まっているし、周囲は真っ暗闇の林だし、どこで夕飯食ったらいいの!?　とそこへ「一緒に行こうぜ！」と手招きしながら、見知らぬウクライナ人ふたりが現れた。え、どこへ？「オレたちも飯くいっぱぐれちまってさ。まあまあいいから、ここはおごりだ！」とわけもわからぬまま連れて行かれた酒場で、思わぬ大歓待を受け、居合わせた中国人旅行者らと深夜まで踊りまくるハメに。あ〜もう初日からやけっぱち！

どこまで続くステップ地帯

ホテル前でドライバーと待ち合わせたのは、翌朝九時半。コートのポケットというポケットに貴重品を詰め込み、メルゲンへの土産を袋いっぱいに抱え

映画館2階の酒場ニカで、ウクライナ人に酒と食事をおごられる。本来は飲み物だけなのに、お店の人が特別にポテトサラダを作ってくれた。酒のつまみにチョコレートも添えて。

エリスタから約1時間、草っ原を貫く一本道を延々走り続ける。道中の旧コルホーズでは、牛が道路を横切るのどかなひと幕も。

て、オンボロ車の助手席に乗り込む。いよいよケチェニェレに向けて出発だ！

　町を抜ければ見渡す限りの地平線。これがステップ地帯というものか。ボルゴグラードまで続く一本道の両側は、どこまで行っても何もな〜い。

　一時間は走っただろうか。やがて旧コルホーズの放牧地を抜け、ようやく集落が見えてきた。集落ったって、枯れ野のなかにポツンポツンと白い家があるだけ。「あれがケチェニェレだ」とドライバーが言う。とうとう来たか。とその時、前方にヒッチハイクの少年を発見。ドライバーは急ブレーキを踏み、少年の前で車を止めた。そしてやおら言うことにゃ、

「おい、おまえ、メルゲンを知らないか？」

「知らない」（そりゃそーだ！）

「じゃ、レーニン通りはどこだ？　案内しろ」

　そう、メルゲンちの住所は「レーニン通り」というのだ。そんなたいそうな名前がついてるから、てっきりちゃんとした通りかと思っていたら、着いたのはただのぬかるみだった。隆起するぬかるみの左右に並び建つおもちゃのような家々。そして、ついにあった、メルゲンの家が！

24番の家の1号室がメルゲンの家のはず
車の音を聞きつけて人々が外に出てきた
24
雑な手書き
このぬかるんだ道がレーニン通りである
着いたヨ
ケチェニェレの村
ノラ犬によく会う
馬に乗った少年少女にもよく会う

ケチェニェレの村の広場にポツンとバラック小屋が建っていた。入ってみればブーツからお菓子までを扱うよろず屋さん。トルコ製のガムとチョコをもらう。

「おまえ、家の人呼んでこい」

哀れヒッチハイク少年は最後まで使い走りを命じられ、やがて家の人を連れてきた。だがそれはメルゲンではなく、彼の母だった。

「まぁ、よく来たわねー。でもメルゲンはけさエリスタに向かったのよー」

エッ！ そのエリスタから車飛ばしてはるばる来たのに～。「どうする、エリスタに戻るか？」とドライバー。「ダー」とうなずけば「なら往復で二〇ドル」ときた。もはや交渉してる余裕もない。気づけば車のぐるりを子供らに囲まれ、村人がどんどん集まってくるではないか。それ、車を出せ！

いよいよ感動の再会なるか!?

思わぬ稼ぎにすっかり気をよくしたドライバー、帰路は至れり尽くせりのガイドに変身。「コーラでも飲むか？」「トイレはいいか？」「腹へってないか？」とあちこちのアフトマガジンに誘ってくれる。一本道を走っていると、時おり「カフェ」とか「ファンタ」とか看板が立っていて、矢印の先をたどると野中の一軒屋よろしくバラック小屋が建ってい

アフトマガジンで働くドライバーご自慢のひとり娘ラリサ。キツめのアイラインは当地の流行か。ドーナツに似たカルムイク風ピロシキとミルクたっぷりのチャイをご馳走になる。

道中の食堂でトイレ休憩。ここでドライバーの顔見知りだという自称ポリスマンに遭遇。カルムイク産のシャンパンをふるまわれる。

る。これがアフトマガジン（車の店）、早い話がドライブインである。

さすがにこんな何もないところにやってくる旅行者はいない。ましてや日本人はとても珍しがられ、行く先々であれこれと食べ物をあてがわれた。ある店ではガムを、別の店ではチョコレートをもらい、食堂では居合わせた客にシャンパンをふるまわれ、はたまたドライバーご自慢のひとり娘が働く店ではカルムイク風のピロシキとチャイをご馳走に。こうしてアフトマガジンを巡りつつ、ようやくエリスタに戻ってきたのだった。

そして夕方、母親から連絡を受けたメルゲンが、エリスタ・ホテルに姿を現した。ついに会えた！　この時、カルムイクに着いてからちょうど二四時間が経過していた。その夜は彼の親族を交えて宴の席が設けられ、心尽くしのもてなしを受けたのだった。かくして、「メルゲンを探せ！　プロジェクト」は、めでたく使命遂行のうちに幕を閉じた――。

さて、勘のいい読者の方ならお気づきでしょう。そう、尋ね人捜索人はここまで人々のおごりだけで食いつないできたのだ！

ついに尋ね人メルゲン（写真左上）とその親族を発見！住所だけでも人は探せるものである。だがよく考えてみると、突然探し出されたほうは迷惑だったかも。

日本からの珍客に、かくのごときもてなし。余談だが、カルムイクも日本と同じく室内では靴を脱ぐ。

カルムイク共和国の首都

ЭЛИСТА

エリスタ・タウンマップ

地図のない町エリスタの地図
本邦、いや世界初公開！

エリスタのホワイトハウスと呼ばれる
行政機関の建物
ルクセンブルク通り
勝利通り
映画館
2Fはバル「ニカ」
劇場
カルムイク博物館
アートギャラリー
レーニン広場
エリスタ大学
ドルージバ公園
馬に乗ったカルムイクの戦士のレリーフ
カルムイクの英雄像
レーニン通り
引っ越しラッシュでおいていかれた飼犬がノラ犬化…みな人なつこい
みんなこのへんにドロだらけの車をとめて買物や食事をする
レストラン「リス」
ロシアホテル
エリスタホテル
まれに中国人やドイツ人が観光していることもなくはない
ルイノク
肉・野菜・花などを売っている
カルムイク文化ギャラリー
この辺で早くもヒッチハイカー出没しはじめる
エリスタ空港へ↓
小高い丘の上に戦車があった…

カルムイク文化ギャラリーで通訳してくれた女性。訪問時は女性作家の作品を中心に展示。絵画だけではなくオリジナル・デザインの宝飾品もあった。

カルムイクに生息する珍獣サイガの剥製。カルムイク博物館にはこのほか、シベリア強制労働の辛苦をなめた民族の歴史絵巻も。

カルムイク人の心の故郷、チベット仏教の寺院にて。日本人と知ると、若いお坊さんが「ナンミョウホウレンゲーキョー」と声をかけてきた。

仏教寺院
ソ連時代に一度
破壊されたので
今はフツーの建物
キルサン大統領
生家

レストラン「リス」でボルシチやロシア風ハンバーグを食す。モスクワのレストランよりずっとおいしく、盛りつけもきれいだった。

カルムイク美術を紹介するアートギャラリーのガイドさん。現代作品も面白いが、壁面を飾るカルムイク調革命芸術が圧倒的ド迫力！

「アイドル・オン・ステージ」の舞台衣装に身を包んだイルムジノフ氏。ただ今、「キルサン・ファミリークラブ」準備中。会費の一部は、カルムイクの産業支援のための大統領基金にあてられます。

ボクの肩には羽根がある

草原の覇者

キルサン・イルムジノフ

若さと行動力そして
財力を武器に
弱冠 30 歳にして
カルムイク大統領に

「草原にリゾートを！」「チェス・オリンピック開催のため、巨費を投じてチェスの街を建設！」などなど大胆構想を次々打ち立て、“羊の国カルムイク”からの脱却を図るこの男。ロシア首脳部も一目置く21 世紀の要注意人物である。

第3章
暮らし

ロシア人ってこんな人たち

ロシアいい顔コレクション

仏頂面の陰にお人よしの笑顔あり

この少女らもやがてこの母らのようになるのね。

硬軟揃ったハバロ・キッズ。

軍人さん、哀愁だねぇ〜。

恐い、ブキミ、とっつきにくい。おそらくそれが、一般的日本人が抱くロシア人の第一印象であろう。ソ連時代、初めてのモスクワで我々を待ち受けていたのも、そんなコワモテの人々だった。

あれは、モスクワ郊外ドモジェードヴォ空港でのこと。モスクワには四つの空港があり、我々は乗り継ぎのためドモジェードヴォからシェレメチェヴォ空港（p61参照）へ向かうバスを待っていた。それにしても、この居心地の悪さはなんなのだ。

「タクシ？　タクシ？」とまとわりつく闇タクのおっさんたち。「あ、ガイジンだ〜」とばかりに無遠慮な視線を投げかけてくる人々。その脇を、入れ墨した男が手錠をかけられ民警に連行されていく——。

おお、さすが首都モスクワはガラの悪いところじゃの〜。おまけにこの空港は国内線専用で、迎えの車もつけずに、市民と共にバスに乗ろうとする外国人観光客なんて、ほかにひとりもいなかった。

「なんか……私たちの存在そのものが、この人たちを刺激してるみたい」

「やっぱりガイジンはガイジンらしく、トランスファー（p57参照）をつけるべきだったかも」

ママが見立てたお出かけ着、キバりすぎっす。

似てる……。

日本人と見るや「カムチャッカ、アイキドー！」と声をかけてきたお調子者。

見るからに人のよさそうなこの笑顔。

仏頂面のロシア人たちの刺すような視線と、つきまとう闇タクの呼び込みに耐えかねて、身を強ばらせていたその時である。後ろにいた若い海軍兵が、我々をかばうようにしてやんわりと闇タクを追い払ってくれた。そのうえバスが来ると、彼は荷物の積み込みを手伝ってくれたうえ、我々の隣の席に座ってそれとなく世話を焼いてくれる。片言の英語で他愛なく話しかけてくる彼と接するうちに、ロシア人なるものへの警戒心がしだいに解けてきた。

だが、そんな我々と海軍兵との交流を、後ろからジーッと見つめる眼光鋭いひとりの男がいた。ガイジンと親しげに話す海軍兵をとがめているのか、それともこれがウワサのＫＧＢ（ｐ１４４参照）か!?

やがてバスはシェレメチェヴォ空港に到着。我々は親切な海軍兵に別れを告げて、立ち去ろうとした。すると、先ほどの眼光鋭い男があとから追いかけてくるではないか。な、何事!?

「あのぉ……方向が逆ですけどぉ」と男が言う。

え？

「ターミナルならあっちですけど」

どうやら彼、ふらふらとあらぬ方向に歩き出した

渋すぎるぜ老人と犬。

キツそうな女子、男はつらいよ。

動物園でおサルに遊ばれる少年。

ビデオカメラを向けたら静止してしまった文明の利器に疎い親子。動けよ。

我々を放っておけず、わざわざ戻ってきてくれたらしい。ジロジロ見てたのは、我々がいつかヘマをやらかすんじゃないかと、文字通り目が離せなかっただけなのか。なーんだ、彼も親切な人だったのね。

　これが、我々が彼の地で最初に遭遇した〝親切のハシゴ〟。以来、ひきもきらずロシア人の親切を受けまくることになろうとは——。

　道を尋ねりゃわざわざ目的地まで連れてってくれるし、街角で立ちつくしていると「なんだ、どうした」と声をかけてくるし、ただすれ違っただけなのにチョコレートをくれるし……。まったくもって、これほど他人のことを放っておけない人種がいるんだろうか、と思うほどロシア人はお節介、いや親切である。もちろん、下心をもって近づいてくる商売人のたぐいもいるが、売り込みかと思ってガードを固めているとただの親切だった、というケースのほうが圧倒的に多いのだ。

　こんなにしょっちゅう人に話しかけられる国を、少なくとも我々はほかに知らない。満足に言葉も通じないのに、気づけば赤の他人と話し込んでいる自分がいるありさま。ああ、ロシア、一期一会の国！

＊読書上の注意・北方領土問題初心者はp154をご参照ください。

その3。北方領土に原発を！の巻

歯舞●北方領土が日本のものなんかになったら、どうなると思う？

国後●よーし、シミュレーションしてみよう。

色丹●何はともあれ元島民の皆さんは晴れて島に戻れることになる。

歯舞●でも、日本の快適な生活になじんでいるご高齢の皆さんに、不便な島の暮らしが耐えられると思う？

国後●ならば、まずは快適な家づくりから始めよう。

色丹●するとロシア島民のボロい家の隣に、経済格差を見せつけるような御殿が建ち並ぶのかぁ。

国後●そのうち開発業者がゴルフ場つくってリゾートホテル建てるでしょ。

色丹●そうするとクマやキツネは山を追われて里に降り、民家の冷蔵庫を開けたりするわけだ。

国後●アウトドア・ブームだからオートキャンプ場もつくろう。水洗トイレとシャワー室完備のやつ。

色丹●当然、使い捨て食器とレトルト食品の空き袋の山ができる。人が集まれば町もできる。

歯舞●町はどうつくりますか、長官？

国後●うむ、何はともあれセブンイレブンを早急に設置せよ。

歯舞●はっ、しかしそうなると、ほかの大手コンビニやスーパーも続々と参入してきますよ。

色丹●すると、できたての弁当を満載した輸送トラックが排ガスをまき散らし、あっというまに賞味期限の切れた食品が山と積まれるわけですね。

国後●よし、余剰食品は野良猫に供給せよ。

色丹●野良猫が増えるとタンチョウヅルを襲いますよ。いいんですか、長官。

国後●電力の大規模な供給源も必要だ。よし、この際、原発をつくろう。ついでに核廃棄物も受け入れて、補償金をガッポリもらおうじゃないか。

歯舞・色丹●え……。　(1994年3月)

のどかな自然を損なわず、従業員の厚生施設も充実（ソ連時代の原発推進パンフより）。

店員さんは無愛想

どうして客が怒られるの？ 共産圏特有の笑顔なき応対

KACCA
おなじみ共産圏の買物風景
品物を確かめてから
カッサ(会計)に並び
支払を済ませた後
品物を受け取りに並ぶ
このシステムに慣れるのはなかなか大変
これみせてちょうだい
○×ルーブル
で、いくら？
あらそんなものあったのね
ケースから出して見せる

「カッサ」と呼ばれる会計所で根気よく順番を待つ市民たち。

かつてロシアの店員と言えば、態度の悪さで有名だった。そもそもこの国で物を買おうと思ったら、まず品定めして、次にレジでお金を払い、再び売り場に戻ってレシートと引き換えに商品を受け取る、という三段階方式をとらねばならぬ。そして、そのつど待ち受けていたのが、ジェブシュカ（お姉さん）たちのウザったそうな視線である。例えばこうだ。

カウンターに近寄って商品を見ようとする。間違っても彼女らは「何にいたしましょうか」などとは言わない。「買えるもんなら買ってみな」とばかりに、カウンターの向こうで腕組みして、客に向かってガンをとばす。コレが恐い！　ロシアのお姉さんたちは美人顔のうえにアイラインくっきりだから、めちゃくちゃ目がキツイのだ。

で、めげずに「あれ見せてください」と言ったとしよう。店員は無言のまま商品を取って投げてよこす。そして商品を品定めする客をジトーッと見る。この無遠慮で不躾な視線は明らかにこう語っている。「あ～あ～、買うつもり～？　立ってるだけで疲れるんだから余計な仕事増やさないでよー」と。なので日本の過剰なサービスに慣れきった我々は、お姉

さんに怒られっぱなしだった。

ある時、店頭でスカーフを手にとって見ていたら、「ちょっと！　それは見本なんだから触らないで！」とえらい剣幕で怒られた。あ、すいません。見本てホントに「見るだけ」なのね。ようやく商品を決めて、これくださいと差し出せば、「レジはあっち！」とまた怒られる。で、レジに行ったら行ったで「小銭は持ってないの！」とまたまた怒られる。買い物したら迷惑なのー？　一事が万事こうである。すべてが国営だった時代、サービスなどという概念は、彼らのなかにはなかったのである。ところが……。

ソ連崩壊によって民営化が進むと、ロシアの店員の態度が急変。「スパシーバ（ありがとう）」と笑顔で応じる店員が、そこかしこに出現し始めたのである。あんなに無愛想だった人々が、なんでたった五年かそこらで簡単に変われるんだ？　それとも世代が入れ替わってしまったのか？　ロシアの店員に「ありがとう」なんて言われると、「いえいえ、とんでもない。こちらこそ」と前にもまして低姿勢になってしまうではないか。たまに昔ながらの無愛想に出会うと、ホッとして笑みがこぼれる始末である。

ルイノクは人種のるつぼ

コーカサスや中央アジアの民と語らう自由市場

はにかみながらも
ビデオに向かって
売場のPRを
してくれた

なんでも
受けとめて
くれそうな
にこやかな
おばあちゃん
昔ながらの
気むずかしい
タイプもいる

ルイノクのメイン会場は屋内だが、建物のまわりにもびっしり店が並ぶ。果物屋さんの軒先には、バナナの房がデコレーションがわりにぶら下げられている。

ロシアの自由市場ルイノクへ行こう！　野菜、香草、果物、肉、魚などなど、ご当地の食材を見るのも楽しいが、売ってる人々との交流もまた楽し。ここでは〝無愛想〟は少数派。売り手の多くは、中央アジアやコーカサスからやってきた濃い顔系のじっちゃん、ばっちゃん、兄ちゃんたち。スラブ系に比べて人なつっこく、えてして日本人に好意的だ。

「やあ、ビデオ撮ってるの？　ちょっと貸してよ」

サンクトペテルブルクのルイノクで声をかけてきたのは、香辛料売り場にいたウズベキスタンの青年。店番をしていたアゼルバイジャン出身の別の青年は、

「日本の首都はトーキョー。アゼルバイジャンの首都は知っていますか？」なんてはにかみながら言う。

「ねえ、写真撮って！」と手招きしてきたのは、可愛いおばあちゃん。売り物のパセリをブローチのように胸に当て、にっこりポーズをとってくれた。その隣に並ぶのは、柄物セーターと帽子がおしゃれなコーカサスのおじちゃんたち。自分ちの畑でとれたとおぼしき、ほんの少しの野菜を前にして、ニコニコしてるその笑顔のチャーミングなこと。これだから、ルイノク探訪はやめられない！

冬に向かう季節にも
生花がたくさん
売られるように
なったのも最近
高い天井の広々とした屋内ルイノク
値段はともかく豊富な商品が
出まわるようになった
おばあちゃん達に
続いて座る
おじいちゃん3人
何故か少々
ひかえめに
おちゃめ
な視線
だった彼
数匹の
猫たちも
生活

寒空のもとで台の上に商品を並べただけの露店も。
ナッツ売りのおばさんからクルミ250グラムを購入。

計り売りのリンゴ屋さん。袋は各自用意しておこう。

屋内ルイノクには猫が住む。肉屋のおじさんに「ここ、猫が多いの？」と尋ねた瞬間、ひょっこり子猫が顔をのぞかせた。ナイスタイミング！

なんでもありのキオスク

新聞から日用品まで駅前で手軽にお買い物

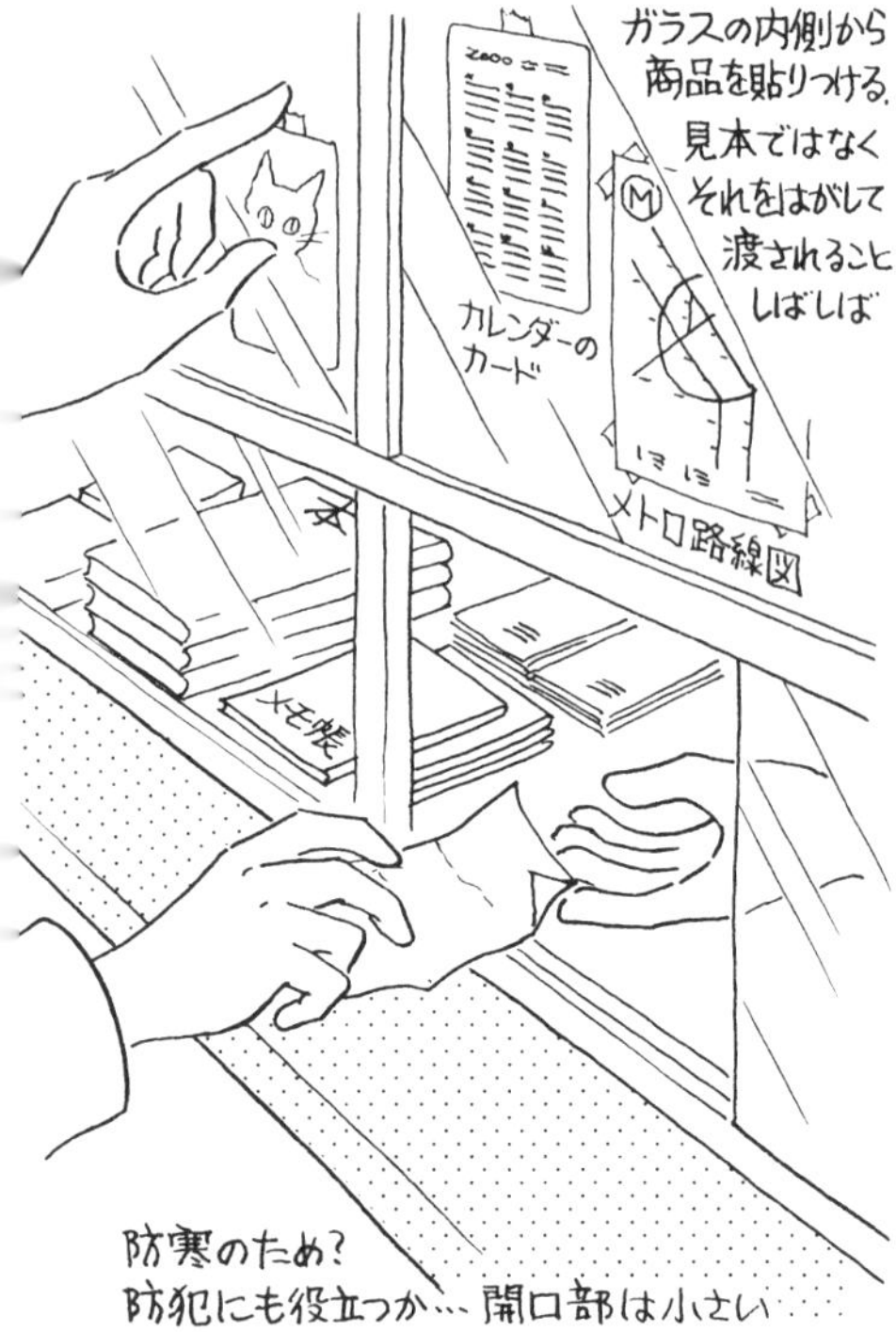
ガラスの内側から
商品を貼りつける.
見本ではなく
それをはがして
渡されることしばしば
カレンダーのカード
メトロ路線図
メモ帳
防寒のため?
防犯にも役立つか…開口部は小さい……

小さなおうちふうの簡易店舗キオスク。パンや焼き菓子を売るお店も。

デパート、スーパー、ショッピング・モール……。今どきロシアの買い物どころは、器も中身も西側とさして変わらなくなってしまってちと寂しい。が、これぞロシアの伝統とも言うべき店が、今もしぶとく生き残っている。その名も「キオスク」、ロシア語で「売店」の意味である。

キオスクと言っても、JRのキオスクとはかなり違う。まずその外観だが、吹きっさらしでは決してない。なにせ寒い国ゆえ気密性十分なボックス型。ちょうど日本の宝クジ売り場みたいな感じで、小窓のついたボックスが街角に唐突に建ってたりする。

よく見かけるのは、新聞・雑誌を売るキオスクだ。ここで新聞を買ったら、次に煙草のキオスクで煙草（p10参照）を買おう。小腹がすいたら、スナックやお菓子を売るキオスクへ。はたまた帰宅途中の勤労婦人に重宝するのが、野菜や果物、あるいは日用品や化粧品を売るキオスクだ。飲んべえの行きつけは、ビールやウォッカやワインを売るお酒のキオスク。劇場のチケット（p84参照）だって、チケット専門キオスクで買う。さらには、おもちゃのキオスク、カセットテープやCDを扱うキオスク、洋服や靴を

P＝ルーブル
K＝カペイカ
国産ビールは6P50K
約50円
洋服や日用雑貨
化粧品なども
ガラス越しに品定め
ブーツを売っていた
キオスク、さて試着は
どのように行なわれ
るのか？
バナナ、りんご、ぶどう
トマトなどの
野菜や果物を
少量ずつ並べて
見た目もかわいかった
値段はkg単位で
きゅうり 18P20K／kg
商品のストックが裏に
控えているのかどうか
不明である。
帰宅途中の勤労婦人の
ちょっとした買い足しにも便利
子供の集まる遊園地には
おもちゃのキオスクあり
おかしのキオスクあり…

並べたキオスク、はては十字架やイコンを仰々しく展示する宗教キオスク（?）だってある。ってことは、とりあえずの日常の買い物は、キオスクを巡れば用が足りてしまうのだ。

もっとも、ここまでキオスクが充実するようになったのは、新生ロシアになって商品が豊富に出回るようになってからのこと。雨後のタケノコのように各種キオスクが誕生し、今では街角や地下鉄構内にびっしりボックスが並ぶキオスク・コーナーもある。キオスクの店員にしても、以前は年季の入ったご老人が多かったのに、今では若いお兄さんやお姉さんが、思い思いの品を並べていっぱしの商売人気取りで店番してる。この絵ズラは……そうだ、まさしく「なんでもアリの一坪ショップ」。ショバ代のシステムがどうなってるかは知らないが、省スペースですむキオスクなら開業もお手軽。コロコロ変わる経済情勢に合わせて、小回りよく商品替えもできよう。買うほうにしたって、だだっ広い街であちこち歩き回らなくても、駅前のキオスクでちょっとした買い物ができるんだからこれは便利。してみるとキオスクって、ロシアのコンビニ的存在なのかも。

ニチェボー婦人の料理教室

ペリメニ пельмени
ロシア風水餃子。中華の餃子より小ぶりで、どっちかと言えばイタリアのラビオリ風。肉の代わりに魚やキノコを使うこともあるそうなので、お試しあれ。

〈材料〉 生地：小麦粉500g、卵2個、水100cc、塩小さじ1、砂糖大さじ1 具：ひき肉300g、玉ねぎ1／4個のみじん切り、塩、コショウ、水少々をよくまぜる その他：ローリエ、粒コショウ、スメタナ

ニチェボー нечего
「どうでもいい」「問題ない」「いいからいいから」といった意。ロシア人は頻繁にこの言葉を使う。細かいことは気にしないロシア人気質が、このひと言ににじみ出る。ロシアに行ったらニチェボー精神に従おう!

「粉は手が好き」　ロシア人はことあるごとに、昔から伝わる生活の知恵を託した〝お言葉〟を発する。料理関係のお言葉には「○○は○○が好き」のパターンが多く、ほかに「粉は砂糖が好き」「ブリヌイはバターが好き」（だからたっぷり使いましょう、の意）など。

スメタナ　サワークリーム。サラダに、スープに、煮込み野菜に、とロシア料理には欠かせない。これをどばっと惜しみなく使うのがロシア流だが、日本人は適量にとどめておいたほうがいいかも。

香草　ペリメニやボルシチの仕上げによく使われるのは、ウクロップ（フェンネル）の葉。日本のスーパーで売られているものなどスカスカに感じるほど、ロシアの香草は香りが力強い。

今日は
ボルシチを
作ります
暑い季節には
冷やしても
おいしいです
これは
ビーツ
です
ボルシチに必須
なのは「ビーツ」
鍋に水と
切った野菜を
入れて煮ます
あの〜
下味とか
‥‥？★
ニチェボー
いりません
粒
コショウ
ローリエ
その間に‥‥
ビーツ2/3と
玉ねぎトマトを炒め
レモン1/2を入れ
鍋から小さじ2〜3
のスープを入れます
ジャー
そうすると
赤い色が鮮やかに
なりますね
ナルホド
色どめか
炒め煮状態に
なったものを
鍋に入れます
残りの
ビーツを
入れて
シオ適量と
固形ブイヨンで
味をつけます★
え、ブイヨン‥‥
そんな安易な‥
伝統の味は？
ニチェボーニチェボー
とっても便利です
ブイヨン
♪
ヘ〜 フタだけは
ニチェボーじゃないのね〜
キャベツを入れて
5分煮たら
ニンニクを入れて
すぐ火を止めます
ちょっとがっかり
ふ〜ん
ニエット！！
フタは
ダメよ
色がお
ちます
出来上り！！
スメタナ
あれ？
肉は〜？★
ニチェボー
ニチェボー
入れません

ボルシチ　борщ
ロシアの代表的スープ。ビーツで鮮やかな赤い色をつけるのが特徴。地方や家庭によって味はさまざま。

〈材料〉水1500cc、人参1本、じゃがいも3〜4個、玉ねぎ中1個、トマト1個、ビーツ1個（缶詰でも代用可）、レモン1／2個、キャベツ1／4個、ニンニク1かけ、固形ブイヨン、ローリエ、塩、コショウ、スメタナ

下味　野菜は軽くいためて下味をつけたほうがホントはおいしい。でも、忙しいロシア勤労婦人の料理は手早さが勝負。野菜をサイコロ状に小さく切って早く火を通し、30分くらいでササっと仕上げる。コトコト煮込むわけじゃないのね。

固形ブイヨン　もちろん塩コショウだけで巧みに素材のうまみを引き出すロシア婦人もおられます。念のため。

肉　肉は入れないと言う人もいれば、ビーツすら入っていない野菜スープをして「ボルシチ」と呼ぶ人もいる。日本の味噌汁と同じでルールはないってことか。

ブリヌイ блины 薄いパンケーキ。クレープに似ているが、小さめに何枚も焼いて、うず高く積み上げていくのがロシア風。小麦粉の代わりにソバ粉で作ることもあるそう。

〈材料〉 ヨーグルト200cc、卵1個、小麦粉大さじ5～6、砂糖大さじ1、塩少々、ベーキングパウダー小さじ1／2、沸騰したお湯、サラダ油少々、バター

ブリヌイの具 お好みでスモークサーモン、キャビア、イクラ、玉ねぎのスライス、キノコのサワークリーム煮などをくるくると巻いていただこう。ただし見た目以上に腹にたまるので、一度にいろんな種類を食べるのは相当にキツイ。

陽気な酔っぱらい

酒がなきゃ始まらない神出鬼没の愉快な連中

ウォッカ「スタリッチナヤ」を小脇に抱えてご満悦のオレーグ。ロシアではウォッカは風邪の特効薬としても知られている。くいっと一杯飲んでぐっすり眠れば治るんだって。

「ロッシァ〜マン、ベリー・ストロ〜ング！」

顔色ひとつ変えず、ぐびぐびとウォッカを飲み干しながら、オレーグが言う。

「さあ、乾杯しようぜ。飲んで飲んで！」

と杯をすすめるもうひとりの男アンドレイ。そう言われても無理っすよ〜。夜行列車で同室になった男ふたりと、なりゆきで小宴会が始まってしまった。聞けば彼らはテレビ局のディレクターとカメラマン。その他のクルーは、別のコンパートメントで翌朝の仕事に備えておとなしく寝てるのに、たまさか我々と相部屋になってしまった彼らは、ロシア人持ち前のサービス精神を発揮して、ここはパーッといこうじゃないかモードに突入してしまったらしい。

「だめだめ、ひと口で飲まなきゃ。ぐびぐびぐび」

と、またもやウォッカを一気飲みするオレーグ。

「ほら、こうやって。ぐびぐびぐび」

いつまで飲むんだ、この男。そんな調子で次々杯を空けたのち、「じゃ、あした早いから」とコテンと横になったきり、スースー寝息を立てて熟睡してしまった。なんだこりゃ、わかりやすい動物だなー。

ロシア人は酒好きだ。かといって忘年会シーズン

の日本のサラリーマンのように、町なかで正体不明になって酔いつぶれたり、吐きまくったりする人はあまり見かけない。エリツィン元大統領が外遊先でオーケストラに合わせて指揮棒を振ったり踊り出したりの酒乱ぶりを披露したように、酔っぱらうといい気分になってお調子をこきまくるのがせいぜいだ。この手合いなら、町なかによく出没する。

「あー、ちょっと君たち」と話しかけてきた見知らぬオジサン。足どりは確かなので、てっきりシラフかと思って話し相手になってると、わけのわからないことを何度も繰り返し、ようやく酔っぱらいだと気づく。で、ひとしきり言いたいことを言い終えると、「んじゃっ!」とオジサンは気分よく去っていく。なんだったんだ、あれは⁉

こういう陽気な酔っぱらいは、害がないから許してやろう。だがもちろん度を越した酔っぱらいもいて、アル中は切実な国内問題だ。なにせ離婚の原因のトップはアル中だし、飲みすぎがたたってロシア男性の平均寿命はたったの五七歳! 酒がなければアルコール薬品やオーデコロンまで飲むという。そこまで飲むか、ロッシァ〜マン!

動物好きだよロシア人

森の民ロシア人にとって動物は古くからの隣人だ

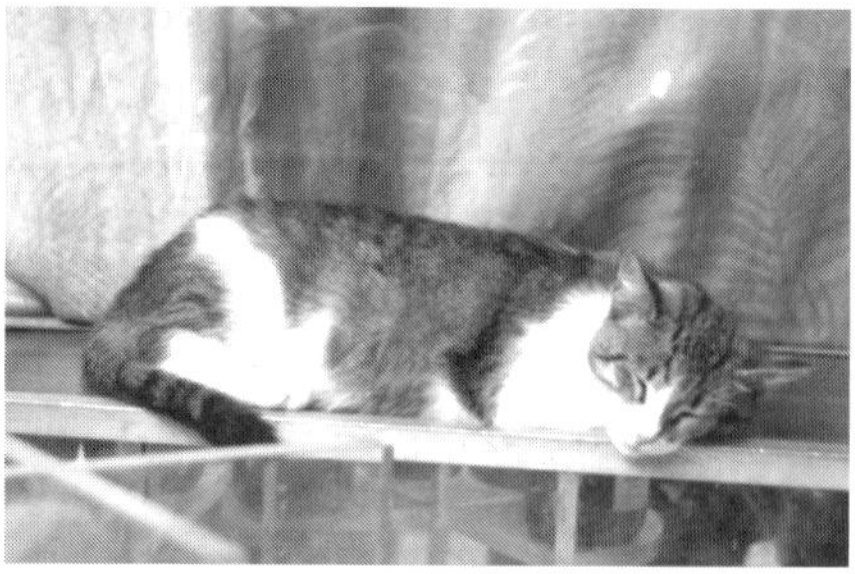

ショーウィンドーの日だまりでお昼寝。商品の棚の上なんですけど。

路上の子猫売りのまわりにはいつも人だかりが。

ロシア都市部で見かけるカラスは黒と灰色のツートンカラー。

ロシアでは地下鉄構内に犬が住んでたって、食堂に猫がウロウロしてたって、誰も追い払ったりなんかしない。「動物？　いてあたりまえでしょ」といった共存の精神は、森の民の遺伝子に受け継がれたものなのか。こればかりは素直に敬意を表したい。

そんな人たちだから、子猫や子犬が生まれすぎちゃったからといって、軽々しく処分したりはしない。わざわざ街なかまで連れてきて、里親を探すのだ。毛糸のお手製きんちゃく袋に子猫を入れて抱える少女、コートの胸もとから子犬の顔をのぞかせてるおばさん、連れてこられない大型犬の写真を掲げるおじさん……。そんな人たちが、ルイノク（p112参照）の入口や地下道にずらりと並んでいたりする。

そりゃもちろん、小づかい稼ぎの意味も大きいが、寒空のもとで半日立ち続けるという労力を惜しまないところが、肉体資本のロシア人の面目躍如だ。

一方よくわからんのが、犬猫をいっぱい引き連れた「えさ代を恵んでください」おばさんだ。ほんとにえさ代になるのか、おばさんの食費になるのかは疑問だが、寛大なロシア人はたぶんその両方に使われると知りつつ黙って小銭を置いていくのである。

「この子イーラっていうんだ」と猫自慢はいずこも同じ。

サンクトペテルブルクで見かけた深窓の令嬢。

人間臭くて傍若無人 モスクワのスズメたち

モスクワで最大勢力を奮う都市鳥はスズメである。繁華街の植え込みに、数十羽単位のふくらスズメが羽根を休めるさまは壮観なり。彼らの狙いは、通行人がポイ捨てするピロシキやアイスの食べかす。街なかのくずかご、食糧品の露店、カフェのテーブルにもスズメが群がり、ドバトを蹴散らしてえさを争奪。日本のスズメよりひと回り大きいので表情が読みとりやすく、こちらが食べ物を持ってると「くれ」とばかりに目線を合わせてにじり寄り、どこまでも尾行してくる。

「えさ代恵んで」と哀れを誘う左下の犬に注目。

ロシアの犬はお行儀がいい。こちら服を着て得意げ。

食用ヒマワリの種を失敬するスズメ。店の人は見て見ぬふり。

仲よしこよしの2人と1匹。

こちら国内線待合室で搭乗待ちの客をねぎらう猫。

モスクワの国際空港にも猫がいた。荷物預かりコンベアの上で悠然。

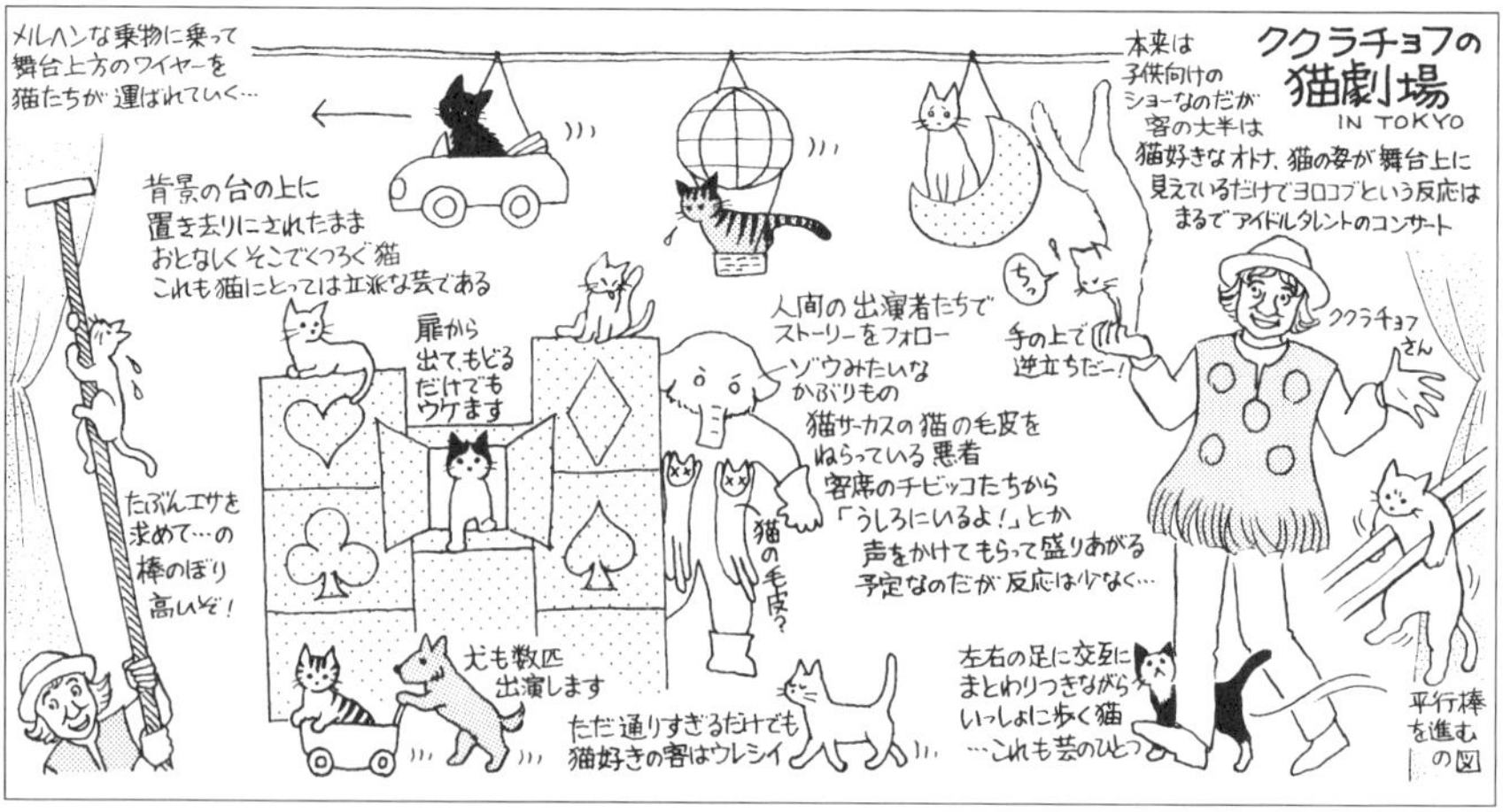

ククラチョフの猫劇場
IN TOKYO
メルヘンな乗物に乗って舞台上方のワイヤーを猫たちが運ばれていく…
本来は子供向けのショーなのだが客の大半は猫好きなオトナ、猫の姿が舞台上に見えているだけでヨロコブという反応はまるでアイドルタレントのコンサート
背景の台の上に置き去りにされたままおとなしくそこでくつろぐ猫　これも猫にとっては立派な芸である
扉から出て、もどるだけでもウケます
人間の出演者たちでストーリーをフォロー
ゾウみたいなかぶりもの
猫サーカスの猫の毛皮をねらっている悪者　客席のチビッコたちから「うしろにいるよ！」とか声をかけてもらって盛りあがる予定なのだが反応は少なく…
猫の毛皮？
ちっ
手の上で逆立ちだー！
ククラチョフさん
たぶんエサを求めて…の棒のぼり　高いぞ！
犬も数匹出演します
ただ通りすぎるだけでも猫好きの客はウレシイ
左右の足に交互にまとわりつきながらいっしょに歩く猫　…これも芸のひとつ
平行棒を進むの図

「世界唯一、猫の劇場！」とうたわれる「ククラチョフの猫劇場」なるものがモスクワにはある。といっても、芝居するのは人間のピエロたちで、その合間に猫たちのちょっとした芸が絡むだけなのだが、気ままな猫たちが自然体のまま舞台にいること自体が奇跡。猫の習性を巧みに利用した調教法はさすがである。本拠地モスクワでは切符が手に入らないくらい子供たちに人気だが、来日公演には猫好き中高年が大挙して押しかけ、会場は異様な雰囲気に包まれた。

＊読書上の注意・北方領土問題初心者はp154をご参照ください。

その4。国後猫を知っていますか？の巻

国後●皆さん、よもやお忘れではないでしょうね。あのロシアの過激な愛国主義者、大統領を目指して果てたジリノフスキー氏を！

色丹●ゴルバチョフ氏をして「彼が政治家になったことで、ロシアの演劇界は素晴らしい役者を失った」と言わしめたあの偉大なるパフォーマーね。

国後●そういや、誰かジリ氏にいたずら電話した？

歯舞●私したわよ。ジリ氏直通ダイヤルにかけてみた。

国後●誰が出た？

歯舞●それがさー、なんか、プ——ッ、プ——ッって呼び出し音はするのに誰も出ないの。

色丹●大統領選に敗れて事務所撤退？

国後●それは残念。しかし、もしジリ氏が大統領になっていたら北方領土をどうしてくれたものか、実に興味あるところ。

歯舞●ジリ氏といえば、政策よりも乱闘が語り草。女性議員とつかみ合い、殴り合い、果ては対談中に相手に水をかけたり……。

国後●往年のジョニー・ロットンかと思いましたよ。

歯舞●あれを見る限り彼なら必ずや北方領土……を通過して北海道まで攻めてくる。

国後●ってことは北方領土は通路なわけ？　つまり交通機関が充実するってことか。

色丹●貨物列車にコサック兵を満載し、目指すは一路ノサップ岬！

歯舞●すると、国後島で固定した野性的な猫「国後猫」も、当然コサック兵の湯たんぽ代わりとなって、大量に上陸するのね。

国後●トップ・ブリーダーの諸君、国後猫ブームが来ますぞ！

歯舞●でもコサック兵が大切な湯たんぽをそう簡単に手放すかしら？

色丹●大丈夫、ホカロンと交換すればいいから。

歯舞●北海道だからホッカイロでしょ。

国後●とまれブリーダーの皆さん、ホカロンないしホッカイロを大量購入して、ノサップ岬に集結してくれたまえ。そして共にコサック・ダンスを踊ろうではないか！　(1996年8月)

クリル諸島原産と思われる「クリルツキー・ボブテイル」。極寒の地特有の長毛ながらも、シッポは日本猫の固定種ボブテイルと同じ短尾。猫に国境はないのね。

政治チラシにも
興味しんしん
街角のギロンには
積極的に参加して
相手がどんな巨漢だろうと
おそれずに反論もする
ВРАГ
НАРОДА!
激動の時代をくぐり抜け
ちょっとやそっとのことでは
びっくりしてくれない
防寒の必須アイテム
スカーフをきっちりかぶり
あごでむすぶ
日本で流行した
「バブシュカ」という髪かざり
少女らはネーミングの
意味をわかってたのか？
このバブシュカいいでしょお♡
むすぶ位置は
違うものの…
バッグは
大きめ
厚い
フェルトの
オーバーコート
さらに
バッグの中には常に
「もしかしたら袋」が
入れられ
市場や露店で
思わぬ商品が
手に入った時に
備えている
バッグ代わりに
段ボール箱に
ひもをかけて…
ある時道を教えて
くれたバブシュカは
道端でこの荷をほどき
様々な中身の中から
チョコレートふたつぶを
取り出し 我々に与え
無器用な指先で
再び ゆっくりと
ひもを むすび直した
小さくたためる
丈夫な
ネットの袋
じゃが芋
とか〜
ただの黒いゴム長 もしくは
はき込まれたブーツで 街をかっ歩
もしかしたら袋＝авоська（アヴォーシカ）

これがバブシュカだっ！

ロシアの底力ここにあり　天下無敵のおばあちゃん

ロシア語では「おばあちゃん」のことを「バブシュカ」という。だが、この言葉には特殊なニュアンスがあって、日本のおばあちゃんのイメージとはちょっと違う。「バブシュカ」としか言いようがない人種なのだ。

　ありがちなバブシュカ像は、まずプラトークと呼ばれる大判のスカーフを頭に巻き、ゾロっと長いスカートの上に肉厚のコートを羽織ってる。だいたいにおいて、ロシア婦人は年を重ねるにつれて脂肪を蓄えていくので、バブシュカとなる頃にはほどよくコロンとした体型ができあがる。そんなバブシュカたちが、赤や緑のプラトークを巻いて、木漏れ日射す公園を歩いてたりすると、それだけで絵になって、ロシア旅情をかき立てられること請け合いだ。

　道に迷ったら、そんなバブシュカたちに尋ねよう。自分がわからなくても、まわりの人を巻き込んででも、あーだこーだと教えてくれる。これまで幾度、バブシュカの世話好きに助けられたことだろう。

　しかーし！　一見すると可愛いバブシュカだが、実は、強い、コワイ、ド迫力。お店の行列に割り込むヤツがいようものなら、たとえ相手がクマのような大男だったとしても「ちょっとあんた！」と拳を振りあげ、どうかするとホントにポカポカ殴り出したりする。こんな時、大男もさすがに御老体に手は上げられないので、殴られるままになっている。天下無敵のバブシュカなのだ。

　そんな彼女らの多くは、生涯現役である。例えば、ロシアの博物館や美術館を仕切っているのは、ほとんどが老齢の婦人たち。日本の案内嬢のように、膝かけをして座ってるだけなんてことはあり得ない。自分の担当の部屋を練り歩き、不審な行動をとる者には容赦なく声をかけ、展示物に関する質問を受ければ得々と語ってみせる。劇場やレストランのクロークで、てきぱきとコートや荷物をさばくのも老婦人たちだ。職がなければ、つましい年金暮らしのなかで、小さな畑を耕し、採れた作物を街で売る。それもできないバブシュカは、デモ行進（p62参照）に繰り出して、世の中の矛盾を訴える。そして、反対意見を述べる人がいようものならオーバーアクションで激論を闘わせるのだ。いよっ、かっこいいぞ、ばあちゃん！　でも……失礼ながら注文をひとつ。やっぱヒゲくらいは剃ろうね。

愛すべきソ連兵

悪名高き軍部を支える兵士たちの素顔とは⁉

ハバロフスクのインツーリスト・ホテル裏手で行進の練習をしていたソ連兵たち。顎が上がりすぎてひきつりそうな子もいれば、テロテロ歩いてる子もいて、なんか揃ってないぞ。

あれはソ連崩壊の前年、一九九〇年のこと。五月のメーデーと戦勝記念日を控えたモスクワの街は、全国から集結した青年兵であふれ返っていた。街なかで大量の兵士を見かけることに慣れていない我々にとって、それは一種異様な光景だった。ましてや聞きしにまさる「ソ連兵」である。

ソ連兵ないしロシア兵と言えば、どうしたって鉄仮面のような顔で一糸乱れぬ行進を繰り広げるブキミなやつらを思い浮かべてしまう。しかしねー、実物のこいつらはどうだ⁉　いったいどこの田舎から駆り出されてきたのかと思うような、赤ら顔の小わっぱばかりだし、第一まるで覇気がない。そもそもこの国では、一八歳に達した男子に二、三年の兵役義務が課せられる。しょせん素人軍団なのだ。

悪名高きソ連軍を支えていたのは、こんなガキどもだったのか。そう思ったら妙に親近感がわいてきて、ある日、映画館のロビーにたむろしていた彼らに話しかけてみた。「あのー、英語わかりますか？」

一〇名ほどの青年兵が、いっせいにこちらを向いた。一秒……二秒……。あのう、なんで黙ってるの？英語がわからないのか、それともよほど日本人が珍

しいのか、ジーッとこちらを見たきりビデオの静止画像状態になってしまった。体格のいい彼らに見おろされていると、なんだか大木に囲まれているかのよう。ブキミ……というより、こりゃまさにウドの大木。そう思った時、ひとりの兵士が沈黙を破った。
「マ、マ、マイ・ネ〜ム・イ〜ズ……」
ひぇー、ドン臭〜い‼ 以来、我々はソ連兵のことを「ウド」と呼ぶようになった。よく観察すると、ウドには〝薄いウド〟と〝濃いウド〟がいることがわかった。薄いウドとは、見るからに軽薄そうで、多くは金髪、色白のスラブ系。こいつらは総じて可愛く愛想がいい。かたや濃いウドは、静止画像に陥りやすい無表情なタイプで、黒髪、眉毛くっきりの中央アジア系に多く見られる。してみると、ソ連兵のステレオタイプなイメージを助長していたのは濃いウドか。でも一見、威圧的に見える彼らの無表情、なんのことはない、単にボーッとしてるだけなのだ。
ハバロフスク、インツーリスト・ホテル裏。ここで我々はウド隊の行進訓練を見学（というか盗み見）する機会に恵まれた。隊列を組み、右横に顔を向け、高々と足を上げて進む兵士たち。おお、これぞソ連

モスクワの赤の広場に結集したウド隊。任務の合間に仲間同士でおしゃべりしたりカメラを向けたり、おのぼりさん丸出しである。

兵の十八番！　と思いきや、お世辞にも一糸乱れぬ行進とは言い難い。しかも我々がちょうど彼らと目が合う方向に立っていたので、クスクス笑う者あり、上官の目を盗んで手を振ってくる者あり、これじゃ小学生の運動会だよ。そんなものをカメラに収めようとした我々は、案の定、上官に見つかって怒られてしまった。さすが、職業軍人は厳しいのである。

やがて一行は行進したままどこかへ消えてしまい、あとには鼓笛隊ふたりと我々だけが取り残された。ニコニコしてこっちを見ているふたりは、明らかに薄いウド。「その帽子いいね」と声をかければ、ひとりが照れくさそうに軍帽を脱いで手渡してくれた。「陸軍の帽子だー」とはしゃぐ我々を見て、なおも笑顔の兵士たち。なんとものどかである。

こんな素朴な子らを抱えたソ連軍（現・ロシア軍）て、ホントに脅威的存在なの？　なんかいつもヘマしてそうだ。そういや「黒海のロシア軍、演習中にウクライナ軍を誤って攻撃」なんて事件があったし、大惨事を引き起こした潜水艦クルスクだって、右も左もわからぬ素人兵が多数乗船していたに違いない。してみるとロシア軍てやっぱりアブナイか。

想《おも》ひ出《で》草《さう》

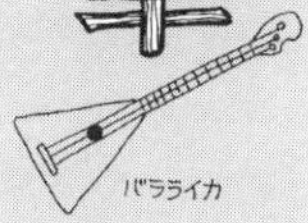

今や幻となった軍人百貨店を偲ぶ

石山光一（北海道・無職・78歳）

シベリアから命からがらダモイした僕にとって、あれは四〇年ぶりの訪ソでした。モスクワに軍人百貨店ありと聞き、見学に出かけたところ、売り場の一角に陸海軍の制帽やがっしりと重い外套が並べられておりました。ふとラーゲリ《収容所》で親しくなった赤ら顔の青年兵を想い出し、不思議な感慨にとらわれたものです。その後ソビエトが崩壊し、この百貨店も閉鎖されたと知り、過ぎ去りし歳月の重みをひしひしと感じております。

かつてモスクワの中心地にあった軍人百貨店。ソ連軍人の制服、制帽、バッジなどを売るほかは、普通の百貨店と同じ商品構成だった。

建物正面に掲げられていた軍人百貨店のプレート

冬の軍人さんモード集

『ソ連服飾史』より陸軍の制服一式。

ソ連崩壊後は軍人グッズが観光土産に。これは可愛い、耳あてつきとんがり帽。耳あてをたたむと後ろもとんがる。

デザイナーも踊る！

舞台芸術の国ロシアはエンターテイナーの宝庫

8P20k
'91当時の
なつかし価格
「高い」と思った…
チケットが
道端の台で
無造作に
売られていた
時々ひらりと
飛んだり
などして…

スラヴァ・ザイツェフ
モスクワテキスタイル大学卒業
日本でもショーを
開いたことのある
ロシア唯一の
国際派デザイナー
60歳過ぎてなお
色つやよし
息子の
イーゴリも
デザイナー
こっちのほうがいい男♡

SLAVA

会場前に張り出されていたファッション・ショーのポスター。スラヴァには「名誉」の意味も。

モスクワ、ロシア・ホテルの大ホールは、すでに華やいだ人々であふれていた。ロシア最高とうたわれるファッション・デザイナー、スラヴァ・ザイツェフのショーが、いよいよ始まるのである。拍手に迎えられてステージに現れたのは、タキシード姿のザイツェフその人だ。

延々と続く挨拶は、口数の多いロシア人の性癖と思って受け流そう。しかし、どうしたんだ、このオヤジ！　ショーが始まっても、いっこうにステージから立ち去る気配がなく、それどころかマイクの前で作品解説を始めるではないか。

こ、これがロシアのファッション・ショー？　デザイナー自ら司会もするのか。

そして次々立ち現れるモデルたちの、どこか鈍重な身のこなし。ま、モデルだってソ連時代は国家公務員だったんだから無理もないか。だが、観客たちは大喜び。どうやらこの国のおばさまたちは、キンキラの素材と波うつようなヒラヒラのデザインがお好みと見え、その手のドレスが登場すると、惜しみない拍手を贈って賞賛をあらわにする。

そうこうするうち、ステージは第二部に進行。こ

れが芝居仕立てになっていて、服そっちのけでモデルたちが演技し始める。西側を意識した実験的試みのつもりだろうか。やがてピエロのようなオチャラケた格好をした男性モデル数人が、弾けるように現れた。そして軽快な音楽にのせて、お笑いパントマイムを披露すると、素直な観客はもうガッハガッハと大受けである。

　とその時、舞台の袖をふと見れば、なおもマイクの前に立ち続けていたザイツェフが、手拍子をとりながら踊っているではないか。そして観客のほうを向くなり、頭上高く両手を打ち鳴らす……。そう、「手拍子の要求」、これじゃまるでポップス歌手のコンサートだよー。

　で、ノリやすい観客が手拍子に応じると、ザイツェフは腰をくねらせ、モデルたちと共に踊る踊る。しかも、踊りながらなお作品解説を続けているのだ。あっぱれ、踊りながら司会するデザイナー！　最後にはモデルをひとりずつ紹介する配慮も忘れない。

　さすが舞台芸術の国ロシアでは、デザイナーもエンターテイナー。そして観客もまた、楽しみ方を心得ているのであった。

成り上がりアンドレイに聞く

混迷期のロシアで、我々はやたら要領がよく
押しの強いひとりのプー太郎青年と出会った。
３年後、彼はビジネスマンになっていた！

初めて会った時は、定職についているふうもなく、ラフな革ジャン姿だったアンドレイ。だが、指定したホテルに現れた彼は、上から下までパリッとした成り上がりルックに身を固めていた。しかし中身は以前と変わらぬスレっからし。紙袋のなかからシャンパンを取り出すと、記者の客室を評して言う。

「はっは！　いい部屋だぜ。家具はボロイしバルコニーのドアは開かないとくる。これで一〇〇ドル？　マジかよ」

――えっと、三年前のデモ行進（p66参照）の時はいろいろお世話になりました。

「ああ、あの時ね。惜しかったよなー。キミたちが帰った一五分後にエリツィンが赤の広場に来たんだぜ」

――えっ！　そうなの？　そういえば昨年はモスクワ騒乱で大変でしたね。

「あ、あの時、俺ホワイトハウス（最高会議ビル）の前にいたんだぜ」

――えっ、騒乱の現場に!?　ホワイトハウスに大砲ブチ込まれたんでしょ。そんな危ない場所で何やってたの？

「何って、見物に決まってるじゃん。面白そうだから、みんなで見に行ったのさ」

――そ、そーゆーもんなのぉ？（ロシア人ってやじ馬が趣味なのか）

――それで今は何してるの？

「証券取引所の仕事。日本人やドイツ人がクライアントでね。ゆうべの夜行でペテルブルクから戻ってさ、あしたあさってとモスクワでプレゼンだろ、で、またペテルブルクに出張さ」

――へー、忙しそうですね。ちなみに給料はいくら？

「月五〇〇ドルってとこかな。田舎にいる弟なんか、エンジニアで月二〇ドルだってよ。笑っちゃうだろ」

――ドルでもらってるの？

「まさか。ロシアじゃインフレがひどいから、みんなドルで換算するのさ」

――じゃモスクワの家賃はどのくらい？

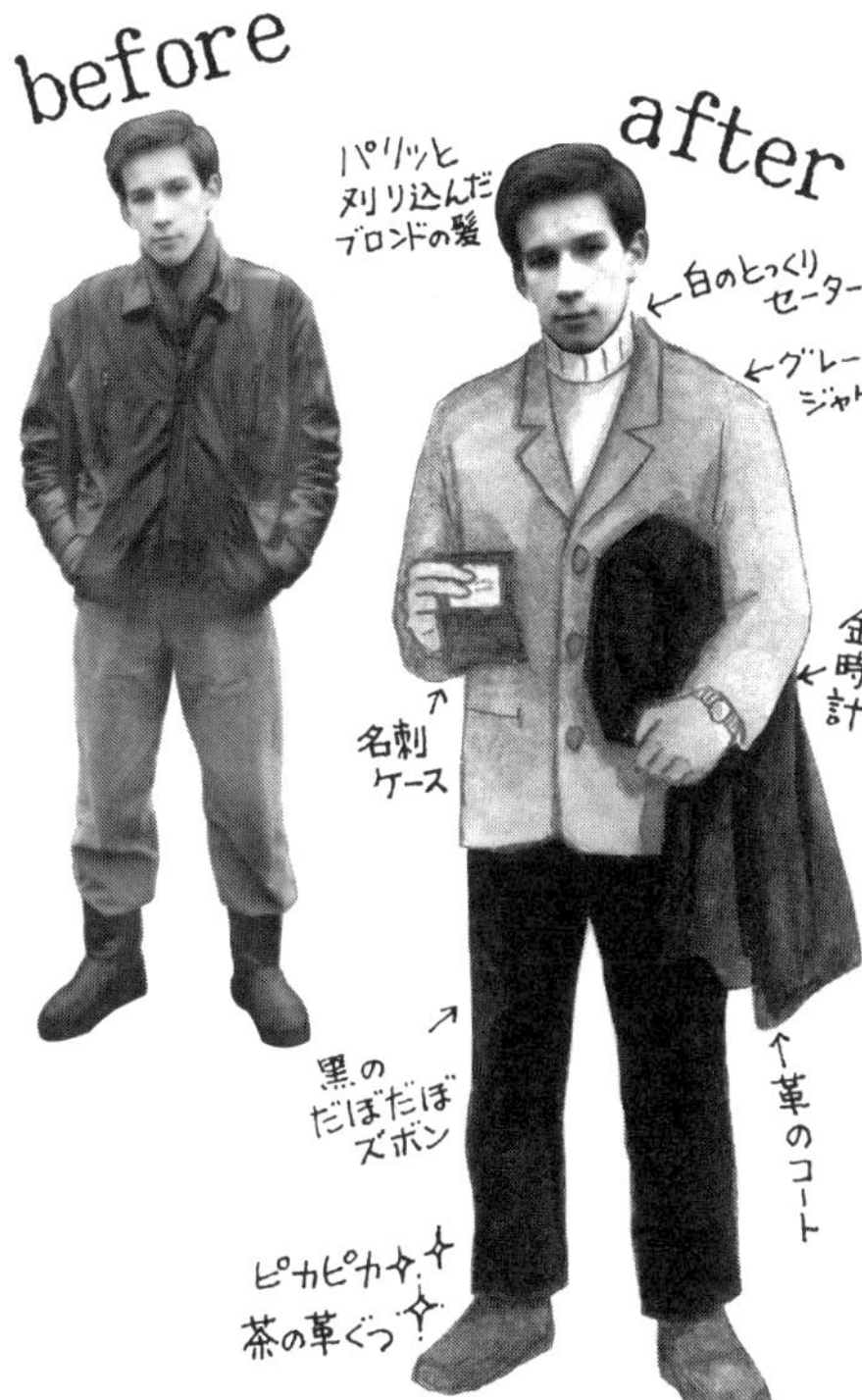
before
after
パリッと
刈り込んだ
ブロンドの髪
←白のとっくり
セーター
←グレーの
ジャケット
金時計
名刺
ケース
黒の
だぼだぼ
ズボン
革のコート
ピカピカ
茶の革ぐつ

「月二〇〇～三〇〇ドルってとこかな」

――ぎぇー、高い！

「バカ言うなよ。日本はもっと高いんだろ。例えば二六平米のワンルームはいくらすんの？　四八平米の３ＤＫは？（なんでそんな具体的な数字がスラスラ出てくるんだ⁉）　あと、日本の年金はいくら？　うちの親の年金なんて、肉五キロの値段と一緒なんだぜ。やってらんねーよ。で、キミの収入はいくら？　生活費は？　煙草一箱は？　ビール五〇〇ミリリットルの値段は？　円で言われてもわかんねーからドルで答えろよ」

――あーうー（こいつ、日本に対する興味はカネだけ？）。あ、えっとぉ、それはそうと、いいオーバー着てますね。

「え？　ちげーよ。オーバーじゃねーよ、コートだっつーの」

――そ、そんな些細な言い間違い指摘しなくても。それよか、せっかくだからシャンパンで乾杯しましょうよ。ザズダローヴィエ！（健康を願って）

「ちょっと待った、発音が違うんだよ。ザズダロ～ヴィエ！　言ってみな」

――ザズダロ～ヴィエ！

「なんか違うんだよなー。続けて一気に、ザズダロ～ヴィエ！　ほら、もう一度！」

　ひぇー、なんて細かい性格なんだ。こんなやつと商売したくないよー。これではたして、ロシア経済に未来はあるのかぁ？

（一九九四年四月）

刑事セルゲイに聞く

生き馬の目を抜くモスクワの街で、日夜、凶悪な殺人犯を追う刑事セルゲイ。モスクワ・ホテル15階のカフェでその素顔に迫った！

プライバシー保護のため写真はあえてピンボケにしてあります。


一見すると温厚そうなその男は、「刑事セルゲイ」とだけ名乗った。

「この街はひどいよ。俺の管轄区だけでも週に二、三件は殺しが起きるんだ」

――マフィアのしわざですか？

「いや、近頃じゃ一般人同士の殺しが多いね。室内で、路上で、ところかまわず殺しが起きる。路上の車のなかで寝てるのかと思ってのぞくと、死体だったり」

――へー。で、具体的なお仕事は？

「現場検証に張り込み。で、毎日のように死体安置所と刑務所通いさ。刑務所では容疑者に尋問するのが俺の役目だが、やつらには指一本触れちゃならないんだ。以前はブン殴ったりしてたらしいけど」

――ふーん、ふだんは制服ですか？

「いや、俺はキャプテンだから私服さ。命を狙われることもあるんだ。やつらに顔を知られちゃマズイからね」

――危険なお仕事なんですね。

「まあね。あ、でもこんなこともあった。あるロシア兵がモスクワに行こうとして列車に乗ったんだ。ところがひと眠りして起きたら、着いたところは北京だった。北京の街をロシア兵が歩いてる！ってんで大騒ぎになって即、逮捕さ。で、モスクワから身元を引き受けに行かなきゃならなくなって、俺が行きたいって言ったのに、上司にその役とられちまったよ」

――残念でしたねぇ。

「まあね。しかしオタクも何度もモスクワに来るなんて、物好きだねぇ。ま、今度来たら外人専用の高いホテルじゃなくて、一泊二〇ドルの宿を紹介するよ」

――え、そんなことできるんですか？

「イエ～ス、ピコーズ・アイム・デテクティブ・ポリ～ス！」と職権濫用をほのめかしたセルゲイは、このあと一五階のバルコニーから煙草の吸殻を投げ捨て、記者にもポイ捨てを促したうえ、トロリーバスに無賃乗車して帰っていったのだった。


（一九九四年四月）

元銀行マンに聞く

1998年の通貨切り下げ以来、ロシア経済界は金融パニックに陥り、銀行は次々倒産。その後の顛末を、元銀行マンに聞いた。

取材場所に指定されたレストランは、サービスも飲食代も日本並みであった。

年の頃は二十代前半、見るからにエリートの子弟といった青年に、まずは銀行時代の仕事内容を尋ねてみた。

「銀行では対日業務を担当していました。日本留学の経験を買われまして。でも、これからという時に金融パニックで対日部署は閉鎖されてしまったんです。留学仲間も、日本の某銀行ロシア支店に就職が決まっていたんですよ。なのにその銀行はロシア進出から一時的に手を引いてしまって、彼の就職も取り消しです」

——大打撃ですね。

「まあ、そんなところですかね」

——あまり危機感ないみたいですが……。

「今は弁護士になる勉強をしているんです。組織に使われるより自分で起業したいですからね」

——ご友人はどうなりました？

「あ、もう別の会社に就職しました。シベリア出張でサウナにハマッて雪のなかで裸で転げ回って楽しんでるようですよ」

（注・サウナからいきなり雪原に飛び出して、ほてりを冷ますのがロシア流）

——やけにみんな立ち直りが早いですね。

「フッ、僕たちまだ若いですから」

——ところでこの店よく来るんですか？

「ええまあ。テレビ塔に近いのでテレビ関係者がよく利用するんです。チャンネル４の有名キャスターも顔を出しますよ」

——へぇ、トレンディ・スポットってやつですね。ほかにはどんなところに？

「ディスコとかクラブとか。ハシゴして夜通し踊ることもあるかなぁ。あ、そういえば近々また日本に行くんです。そのあとハワイにも寄ろうと思って。いずれ北極にパラセーリングしに行くつもりなんですけど、よかったら僕らのツアーに参加しませんか？　あ、ちょっと失礼、ケータイが入ったもので……」

ううむ……。仕事にアブれてもこの余裕。同じロシア人でも、エリートはこうも違うのかぁ。　（一九九八年一〇月）

А	а	アー	К	к	カー	Х	х	ハー
Б	б	ベー	Л	л	エル	Ц	ц	ツェー
В	в	ヴェー	М	м	エム	Ч	ч	チェー
Г	г	ゲー	Н	н	エヌ	Ш	ш	シァー
Д	д	デー	О	о	オー	Щ	щ	シシャー
Е	е	イェー	П	п	ペー	Ъ	ъ	イェル
Ё	ё	イョー	Р	р	エル（巻き舌）	Ы	ы	ウイ
Ж	ж	ジェー	С	с	エス	Ь	ь	イェリ
З	з	ゼー	Т	т	テー	Э	э	エー
И	и	イー	У	у	ウー	Ю	ю	ユー
Й	й	イ	Ф	ф	エフ	Я	я	ヤー

●Да（ダー）「はい」

●Нет（ニェット）

「いいえ」もっとも何を質問されてるのかわからなければ、ダーともニェットとも答えようがない。そんな時は次の言葉を。

●Не понимаю（ニパニマーユ）

「わかりません」ロシア人は相手がわかろうがわかるまいが、無視してまくしたててくることが多いが、やっぱり言っておこう。

●Здравствуйте（ズドラーストヴィーチェ）

「こんにちは」とりあえず声をかけたい時に。「おはよう」「こんばんは」にあたる挨拶もあるが、あまり時間帯を気にせず、ガイジンはガイジンらしくワンパターンで突っ走ろう。

●Спасибо（スパシーバ）

「ありがとう」旅行中、最も使う頻度が高い言葉がたぶんコレ。ホテルで鍵を受け取る時、道を教えてもらった時、この言葉がすんなり出てくればあとが楽。逆にありがとうとロシア人に言われることは少ないが。

●Сколько?（スコリカ？）

「いくら？」と尋ねても数字をロシア語で言われたらもうおしまい。さっとメモとペンを取り出して次の言葉を。

●Пожалуйста（パジャールスタ）

「お願いします」「どうぞ○○してください」○○にあたる言葉は身振り手振りでフォロー。

●Хочу（ハチュー）

「ほしい」「ください」お店で品物を、レストランでメニューを指さしながら。「コレください」と言いたい時は「ヤー・ハチュー・エータ」。

●Не хочу（ニハチュー）

「ほしくない」このあとにスパシーバをつければ、「けっこうです」「ノーサンキュー」の意味に。

●Можно?（モージュナ？）

「いいですか？」英語の“May I ?”にあたる。レストラン入口にて「(入っても）いいですか？」、煙草を見せて「(吸っても）いいですか？」、カメラを向けて「(撮っても）いいですか？」などなど多彩な場面でお役立ち。

ロシア語は難しい

難解なロシア語を使いこなすロシア人は頭がいいのか？

ГОВОРИТЕ ПО-РУССКИ

ロシア語を話しましょう

ロシアではあまり英語が通じない。公用語はもちろんロシア語だ。これが難しい。動詞が活用する、男性形・女性形・中性形がある、この程度はほかのヨーロッパ言語でも当たり前。

特筆すべきは「格変化」だ。日本語の「てにをは」にあたる言い替えを、名詞の語尾の変化によって表現する。わかんない？　よね。例えば日本語なら「ミーシャは」「ミーシャを」と助詞を替えればすむのに、ロシア語だと「ミーシャ」「ミーシュ」「ミーシェ」「ミーショイ」などと人の名前さえ変化する。これが単数6種、複数6種、ひとつの単語につき計12種の使い分けが必要で、その前に形容詞がつこうものなら、これまた12種変化する。

で、数字がつくとまた厄介だ。英語みたいに、2以上の複数にｓをつければいいってもんじゃない。1は単数、これはいい。だが同じ複数でも「2・3・4」と「5以上」は扱いが違う。なんでやねん！　その他もろもろロシア語には不可解な文法が目白押しだ。

「ふーん、そんな言葉を瞬時にして使い分けるなんて、ロシア人てけっこう頭がいいのね」と言った人がいたが、ほんとにそうかも。

が、結論から言って旅行者はそんなもん覚えんでいい。ただ、キリル文字と呼ばれるロシアの文字には、なじんでおいたほうがいい。というわけで、右上のアルファベット表を見てね。

例えば「ソ連邦」の略語CCCPは「シーシーシーピー」では決してなく「エスエスエスエル」。рестранは「ペクトパー」じゃなくて「レストラン」と読むのだ。とまれ、このヘンテコな文字が解読できれば、地下鉄の行き先表示も読めるので、行動範囲がぐっと広がること間違いなしよ。

予習する暇のない人は、とりあえず次の10個の言葉だけ覚えて乗り切ろう。あとは日本語、英語、ジェスチャー、お絵描きなどを総動員して切々と訴えれば、人のいいロシア人は根気よく相手をしてくれる。誰からも相手にされなかったら……よほど運がないのね。

＊読書上の注意・北方領土問題初心者はp154をご参照ください。

その5。地震は大変だ！の巻

国後●その後、北方領土における震災処理はどうなっておるのだろう。

歯舞●皆さんお忘れでしょうが、昨年、北海道沖で大きな地震があり、北方領土において甚大な被害がありました。

色丹●おまえはアナウンサーかっ？

歯舞●まず必要なのは、ライフラインの確保でしょ。

国後●それは都市型震災の場合だ。もともと島にライフラインはないに等しいから、その点は安心だ。それよりもまず、あの倒れて当然の家屋。やはり倒れてしまったか。鉄骨にすればよかったのだ。

色丹●そんなお金ないですよ、長官！

国後●道路の復旧はどうなっておる？

歯舞●もともと舗装道路はほとんどないので、その点もご安心ください。それよりも被災者の生活が気がかりですね。どんなものが足りないんでしょう。

色丹●まず食糧、それに衣類……。

国後●すぐに送ってやりたまえ。

色丹●それからラジカセ、ビデオ、化粧品、車も足りません、長官。

国後●それはもとからだろ。

歯舞●たった今入った現地からの要請によりますと、この際インフラから日本にやってほしいとのことです。

国後●何？　調子にのりおって。

歯舞●でもエリツィンさんは、阪神大震災の被害に対して援助を申し出てくれているんですよ。

国後●そうか！　ではその援助物資を北方領土に送ってやりたまえ。

歯舞●さすが長官の発想。これでまた非難ごうごうですね！　（1995年2月）

北方領土エコツアーのお知らせ

中央モスクワからはるか極東に位置するがために、乱開発を免れ、手つかずの自然が残るクリル諸島。日本で「北方領土」と呼ばれる四島は、このクリル諸島のうちの南方にあたることから、ロシアでは「南クリル」と呼ばれています。南クリルの大自然の懐に包まれ、島の将来をご一緒に考えるエコツアー企画にぜひご賛同ください。

プロブレーマちゃん

〈珍しい動植物の宝庫！〉
幻の海鳥エトピリカ、シマフクロウ、オジロワシ、クマゲラなどの鳥類のほか、ヒグマ、ラッコ、ゴマフアザラシ、トド、シャチなどに出会えるかもしれません。

「日本では特別天然記念物に指定されているタンチョウヅルが、ここクリル諸島並びに南北朝鮮の境界線にある非武装地帯に飛来します。どちらも国境問題に揺れる地だけに、研究者でも立ち入りは困難。しかしそれゆえに自然が守られているとは皮肉です」（鳥類研究者・間煮亜林蔵さん談）

第4章
番外編

もうちょっとロシアを知りたい人へ

ロシア正教Q&A

ロシア人の心の故郷、ロシア正教。宗教に疎い日本人のなかには甚だしく勘違いしてる人もいて困りものである。

Q. ロシア正教ってぇー、新興宗教なんでしょ。

A. えっ……。古来から伝わるキリスト教の一宗派「東方正教会」に属するものなんですよ。

Q. でもぉフツーのキリスト教と違うんでしょ。

A. ううむ、あなたのおっしゃるフツーのキリスト教とは、荘厳な教会、華やいだクリスマス、聖なる賛美歌の調べ……といった程度の貧困なイメージが形成するところの「西洋のオシャレな宗教」くらいの意味じゃないでしょうか。

Q. ってゆっかー、カトリックとかのほうがホンモノなんでしょ。

A. あの……簡単に歴史を振り返ってみましょう。そもそもキリスト教はローマ帝国の支配下にあったユダヤ（現在のイスラエル）で誕生し、ローマ帝国の国教となったのは三九二年のこと。しかし、ローマ帝国は三九五年に東西に分裂し、西ローマ帝国の首都ローマに対し、東ローマ帝国（ビザンツ帝国とかビザンチン帝国ともいいます）は首都をコンスタンティノープルに定めました。

Q. コンスタンティノープルってなーに？

A. 現在のトルコのイスタンブールです。ローマの教会とコンスタンティノープルの教会は、キリスト教の教義の解釈などをめぐって対立。何世紀にもわたって、もめにもめたあげく、一〇五四年、ローマを中心とするカトリックと、コンスタンティノープルを中心とするオーソドクス（正教）とに分裂してしまったのです。

Q. じゃあ、もとは同じだったってことぉ？

A. やっとわかりましたか。

Q. ふーん、古いのはわかったけど。で、どこが違うの？

A. どうせ教義について語ってもわからないと思いますから、大ざっぱに言いますと、カトリックはラテン文化を背景にしているのでラテン的、正教はギリシア文化を背景にしているのでギリシア的要素が強いのです。そのため「東方正教会」は「ギリシア正教」とも呼ばれます。

Q. やっぱラテンのカトリックのほうが楽しそうじゃん。

A. いや、そーゆー意味じゃなくて……。加えて両者の違いを簡単に言うと、カトリックは合理的で実践的、正教のほうが保守的で神秘的なんです。

Q. ふーん。あれっ、そういえばなんでコンスタンなんとかの宗教がロシアにあるの？

A. 珍しくいい質問です。カトリックはローマ教皇を絶対的指導者として政治的権力を強め、ヨーロッパ各地をカトリック化していきました。一方の東方正教会は、イスラム教の進出に押されて行き場を失ってしまいます。そこで、北のロシア方面に布教を広めていったのです。

Q. それっていつのこと？

A. すでに九八八年には、ロシアの前身キエフ・ルーシは正教を受け入れていました。そうこうするうちイスラム勢力がコンスタンティノープルを陥落。なのでコンスタンティノープルのあったトルコは、現在イスラム教国なんですよ。で、コンスタンティノープルの教会がなくなってしまったものですから、一五八九年、モスクワに東方正教会の総主教座が創設され、ロシア正教は独立。モスクワは「第三のローマ」と呼ばれるようになったのです。

Q. へー、聞いたことない。

A. もういいです。今日はここまでにしておきましょう。

Q. あーよかった。

ロシア正教ミサ・レポート

サンクトペテルブルクはアレクサンドル・ネフスキー修道院の敷地内に建つトロイツキー教会。まだ夜も明けぬ薄暗がりのなか、日曜のミサに続々と人が集まってくる。そのあとについて恐る恐る扉の奥に入ってみた。いきなり「写真は撮るな」と教会関係者に釘をさされる。というわけで写真をお見せできないのが残念だが、おお、荘厳とはこのことか。ロウソクのほのあかりのなかで金色に輝くイコン（聖像画）、熱心にお祈りを捧げるバブシュカたち（p126参照）、長い顎ひげを蓄え、歌うように祈祷の文句を唱える聖職者たち。

とその時、どこからともなく美しい歌声が。見ると、ご近所からぶらりとやってきたようなラフな格好のおじさん、おばさんたちが、アカペラで賛美歌を歌っている。こ、これはもしや聖歌隊？　素晴らしすぎるその朗々たる歌声と、飾らなすぎる普段着姿とのギャップが好ましく、ただただ感動するばかりであった。正教の礼拝ではいっさい楽器を使わないそうだが、庶民からしてこの音楽的水準の高さじゃ、そりゃ伴奏はいらんわな。

ソ連時代のメーデーの祝日、レーニンの絵で飾られた「センター」ことKGB本部ビル。

何よりも滑稽なКГБ（カーゲーベー）

「泣く子も黙るKGB！」と人は言う。だが、ロシア風に正しくКГБ[★注1]（カーゲーベー）と呼ぶことに頑ななまでにこだわる女子大生たちがいた。

あれはまだソ米関係が険悪だった一九八〇年代、全世界を恐怖と笑いの渦に巻き込んだКГБスパイ事件の数々[★注2]が、連日のように新聞紙上を賑わしていた。彼女らはその得体の知れない組織の、綿密なようでいて、どこかずさんなところのある手口[★注3]に非常な興味を覚え、いつしかКГБ本を読みあさり、狸穴[★注4]の秘密ギグに出入りしたりなどするようになっていった。そして、ソ連脅威論[★注5]かまびすしい世相に逆らい、「いつの日かモスクワの歯車を回して[★注6]みせる！」「憧れのセンター[★注7]をこの日で見たい！」などと不謹慎な夢を語り合うのだった。

やがて月日は流れ、かつての女子大生もすっかり落ち着き、郊外の団地で家事育児にいそしむ毎日……かと思ったら、着々と旅行資金を貯めて、一九九〇年のある日、未だ「ソ連」と呼ばれていた不穏な国へと旅立ってしまった。

「ついにクレムリンの超常戦略[★注8]と対決する日が来たのね」

と、早くも先走るかつての女子大生のひとりH。

「ホンモノのKΓБにも会えるわよ」と今ひとりのかつての女子大生Mが言うと、Hが自慢げに返した。

「フッフッフ、実は私、日本で一度会ったことがあるの」

「え、いつ？」

「ほら、何年も前に東京の某ホテルでNASAの宇宙飛行士らを招いて、某大手出版社がセミナーを開いたことがあったでしょ。あの時……」と勝手にHの回想が始まる。

あの時、たまたまその会場でHは受付嬢のアルバイトをしていた。すると、アメリカ人にしてはひ弱で、ヨーロッパ人にしてはニヤけたふうの外国人男性が現れ、あまり流暢とは言えない英語で伏し目がちにこう言った。

「すみません、朝刊でセミナーの記事を読んだばかりで申込みはしていないのですが、大変興味がありまして……」

「そうですか、招待状がないと本来は入場できないんですのよ。ちなみに失礼ですがあなたさまは……」

「はい、私はアエロフロート[★注9]の職員です」

アエロフロートですって⁉　飛んで火に入るKΓБ！　道理でこの人、「表情は間のびしており、じっと見られるとすぐ目をそらす癖があるホモのミンケンボウ[★注10]」に似てると思った。きっとT管理部[★注11]に命じられてNASAの情報収集にやってきたのだわ！　そう確信したHは、「どうぞどうぞ、まだ席は空いていますわ」と、主催者に無断でその男を会場内に導いてしまったのである。

それにしても白昼堂々アエロフロートを名乗るとは、スパイ天国日本[★注12]の女子供にKΓБネットワーク[★注13]などわかるまいと思ったのか。ならばさりげなくさらなる協力をお膳立てし、私も日本人スパイリスト[★注14]に加えてもらおうっと。

そう考えたHは受付に戻ると、話のわかる先輩受付嬢Y子に「あの人、ソビエトのスパイなのよ」と耳打ちした。

「あらそう。ソ連人はわたくしの好みぢゃないわ」

「そうじゃなくてY子さん、このあとのNASAの記者会見に、あの人も入れてさしあげて。セミナーだけでは極秘情報[★注15]は入手できないもの。ね、よろしくね」

「ずいぶんとご執心ね。おやすいご用よ」

そんなやりとりが交わされていたとはつゆ知らず、くだんのソ連人の男は、セミナーの終了した会場から出てくるなりHによって無理矢理エレベーターに押し込められ、エレベーターのなかで待ち構えていたY子が、即座にボタンを押してドアを閉めるという連携プレイ[★注16]によって、まんまと記者会見場に連れ込まれていったのだった。

「これでよし。私がエージェント[★注17]にスカウトされる日も近いわ」とほくそえむHであったが、待てど暮らせどその筋からのコンタクト[★注18]はなかった……。

「……というわけなのよ」とHがようやく話し終えてふと横を見ると、Mは地下鉄の車内で立ったまま爆睡していた。そう、言い忘れていたが、彼女らは今モスクワの地下鉄カルージュスカ・リージュスカヤ線からキーロフスカ・フルンゼンスカヤ線[★注19]に、尾行を振り払うかのように乗り換え、ジェルジンスカヤ駅[★注20]に向かっていたのである。

目的の駅で地下鉄を降り、地上に出ると、ふたりは人目をはばかるようにこっそりとカバンのなかから地図を取り出した。このあたりに、あの全世界に悪名を轟かせた秘密警察の本拠地ルビャンカ[★注21]があるはずだ。目指す住所は「ジエルジンスキー広場二番地」――。

あった！　ジェルジンスキー[★注22]の銅像が建つ広場の向こうに、スパイ本の写真で見たことのあるセンターの黄色っぽい威圧的な建物があっさりと見つかった。だが……。

「こ、こんなところにぃ？」

「隣に建つのは子供用品専門デパート、ジェーツキー・ミールこと『子供の世界』じゃない！」

そこは買い物客や通勤客が行き交うモスクワ中心地、観光名所ボリショイ劇場やクレムリンの目と鼻の先。奥まった地にひっそりと怪しげに建つセンターの偉容[★注23]を長年想像していたふたりは、すっかり拍子抜けしてしまった。

「こんな無防備な場所にヒミツの建物があったのかぁ」

「ヒミツでもなんでもないじゃん」

だが、よくよく目を凝らして見ると、センター建物の前を、なにやら不審な男が歩いていた。ハンチングにサングラス、そして手にはトランシーバー！　いたっ、KГБ！　それにしても、なんとわかりやすいスパイ装束[★注24]だ。

「ああ、とにもかくにも念願のセンターに来れたのね。パンパン！」とセンターのほうを向いて手をたたくM。

「こら、拝むな。宗教は禁じられている[★注25]のよ。それよりKГБ食堂[★注26]があるのはどこかしら⁉」

こわごわとカメラを向けて望遠レンズでのぞいてみるが向こうから監視されているようすもない。ふたりはしだいに大胆になって、センターをバックにピースサインで交互に記念写真に収まるなどして、ひとしきりはしゃぎ回った。

「よし。センター詣でも済ませたし、これでもう恐いものはない。心ゆくまでソ連の可笑しみを世に広めましょう」

こうして、ほどなくして伝説の『勝手にロシア通信』が誕生したという話である。

★**注1**：КГБは「コミテート・ゴスダルストヴェンノイ・ベゾパースノスチ（国家保安委員会）」の略。一九一七年の革命後に創設された「チェーカ（反革命およびサボタージュと戦うための全ロシア非常委員会）」を前身とし、幾度も再編成されたのち、一九五四年にКГБとなる。ソ連崩壊後、解体するも、その秘密主義は今なお脈々と受け継がれている。

★**注2**：ソ連のアフガニスタン侵攻から西側のモスクワ五輪ボイコットへと発展したソ米対立は、熾烈にして性急、ゆえにヘマの多いスパイ合戦を促した。日本でも防衛庁スパイ事件、レフチェンコ事件（後述）などが発覚。その他「レポ船を拿捕」「盗聴機発見」「電波妨害」「二重スパイ」など刺激的な見出しが踊り、毎朝、新聞を見るのが楽しみであった。

★**注3**：よく知られるのが「デッドドロップ」と呼ばれる手口。あらかじめ指定された場所に、スパイAが機密文書などをなにげなく置いておくと、あとからスパイBが来てやはりなにげなくピックアップしていくというもの。その隠し場所のひとつとなったのが、東京都武蔵野市にある井の頭公園のとあるくぼみ。こんなローカルな憩いの地にロシア人が歩いているだけで怪しまれるとは思わなかったのか!?

★**注4**：狸穴（まみあな）とは在日ソ連大使館を指す隠語。旧地名に由来するが、いかにも小ずるいスパイの巣窟を想起させて愉快である。当時、大使館のコンサートホールでは来日したソ連芸人を招いて、たびたびコンサートが開かれていた。招待状を手にした親ソ家だけが入場を許され、ひとりずつチェックを受けては通用口から入るという物々しさだった。

★**注5**：ソ連は日本の「仮想敵国」とされ、「ソ連の極東軍が北海道に攻めてくる」「ソ連の弾道ミサイルが日本に飛んでくる」などと真剣に語られた。

★**注6**：外国人がソ連訪問のためビザを申請すると、それを合図に「モスクワの歯車が回り出す」と言われた。具体的には、КГБが出動し、ソ連国内での外国人の行動を制限するための画策が始まるの意。

★**注7**：センターとは、モスクワ中心部にあるКГБ本部のビル群を指す（写真参照）。

★**注8**：ソ連は大マジメで超能力を戦力として利用しようと考え、テレパシーや念力移動、心霊エネルギーなどの研究に余念がなかった。

★**注9**：アエロフロート（p58参照）の職員のなかにКГБが紛れ込んでいるのは有名な話であった。

★**注10**：ホモのミシケンボウとは、一九六〇年代、パリのオルリー空港敷地内にあるアメリカ軍文書配送センターから軍事機密を盗み出した不良軍人ジョンソンのスパイ仲間。同性愛者の精神的葛藤を巧みに利用してスパイに仕立てるのはКГБの十八番。

★**注11**：T管理部こと第一管理本部科学・技術管理部は、宇宙開発から工業技術まで、西側の先端技術の秘密を盗み出そうとする情熱的な部署であった。

★**注12**：危機意識にうとく、そもそも「スパイ防止法」もない日本は、スパイ天国として各国のスパイからもてはやされたチョロイ国だった。

★**注13**：前述のアエロフロートのほか、ノーボスチ通信、タス通信、貿易ミッションなどで働く在日ソ連人の約半数はКГБ要員であったという。

★**注14**：共産寄りの思想にシンパシーを抱きがちな日本の知識人は、いとも簡単にスパイ網に取り込まれていったという。そのスパイリストの存在を、アメリカに亡命した元КГБ将校レフチェンコがほのめかし、身に覚えのある人々を震撼とさせた。

★**注15**：極秘情報とは名ばかりのものも多かった。すでに情報ファイルがあることにも気づかず、同じネタを再度入手しようとしたり、せっかくスパイが極秘情報を入手しても、棚ざらしになっていたり。日本では「戦後最大のスパイ」として知られるリヒャルト・ゾルゲがもたらしたナチスのソ連侵攻を示唆した貴重な情報も、本国では当初無視された。

★**注16**：盗み出した書類を一時間以内にマイクロフィルムに収めてまたもとの場所に戻す、などの場合に綿密な連携プレイは不可欠。こうした作戦を「練る」ことはお手のものだったКГБだが、いざ実践となるとアバウトなロシア人気質が邪魔をした。

★**注17**：КГБに情報を提供する要員をエージェント（代理人）と呼ぶ。金品と引き換えに積極的にスパイ行為に及ぶ確信犯は少数派で、本人にその意識がないまま利用されている人が大多数だった。

★**注18**：人種の見分けがつきにくい欧米では、さりげなく出会いの場を設定し、時間をかけて狙った相手を組織にとりこんでいく方法が可能だが、ガイジンが目立ちすぎる日本の場合、ジャーナリストになりすましたスパイが取材の名目で近づくことが多い。

★**注19**：КГБ第二管理本部第七局の担当。ソ連を訪れた外国人旅行者を尾行し、見張るのが主な役目。ソ連旅行の旅程が一度決めたら変更不可能だったのは、ひとえにКГБが監視しやすいようにするため。

★**注20**：ジェルジンスカヤ駅は現在、ルビャンカ駅と改称されている。

★**注21**：もともとは地名だが、スターリンの粛清時代、センター内に設けられたルビャンカ監獄で罪もない幾多の人々が処刑されたため、かつてはルビャンカと聞くだけで人々は縮みあがった。

★**注22**：ジェルジンスキーはКГБの前身チェーカの生みの親であり初代長官。センター前に立っていたジェルジンスキー像は、ソ連崩壊後、撤去された。

★**注23**：スパイ本に載っていたセンターの写真は、いずれもモノクロでいかにも隠し撮り風に撮影されており、マニアの想像力を掻き立ててやまなかった。

★**注24**：サングラスにトランシーバーという定番のいでたちは、新生ロシアとなったのちの在日ロシア大使館敷地内でも目撃された。単なる警備員だろうが、怪しすぎるその姿は今後も続けていただきたい。

★**注25**：ソ連では「宗教は麻薬」とされ、事実上弾圧されていた。にもかかわらず「ソ連邦憲法では信教の自由が宣言されています」と言い張っていた。

★**注26**：КГБの職員は始業一時間前の八時にやってきて、センター本館地下と八階にある食堂で安くておいしい朝食をとるのが日課だった。ピクニックに出かける職員は、別館第12ビルのКГБクラブでキャビアやスモークサーモンなどを調達したとやら。

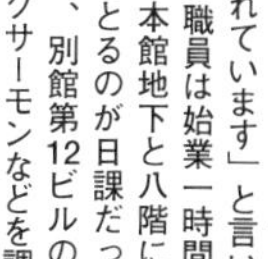

かけあしロシア史 勝手に年表

9世紀頃 現在のウクライナにロシアの前身キエフ・ルーシ建国。一説によれば、この地に住んでいたロシア人の祖先たちは喧嘩ばかりしてまとまりがつかないので、ヴァリャーグ人（ヴァイキング）のリューリク一族を統治者としてお招きして国家を築いてもらった、という話。この頃からロシア人は、「よそ者の親分でも、まっいいか」といったニチェボーな気質（p116参照）ができあがっていたようだ。以後、16世紀末までリューリク朝続く。

988年 東方正教（p142参照）がキエフ・ルーシの国教となる。

13〜15世紀 モンゴルの支配を受ける。これがいわゆる「タタールのくびき」。キエフ・ルーシは滅亡し、代わってモスクワ大公国が台頭する。

1480年 モスクワ大公国がモンゴルの支配を断ち切り、やがて全ロシアを治める。

1613年 リューリク家の血筋が途絶えたため、名門貴族ミハイル・ロマノフが16歳で皇帝（ツァーリ）に選ばれる。これにてロマノフ王朝誕生す。

1703年 奇人変人として知られる皇帝ピョートル1世（p10、92参照）が、何もないに等しい沼地に新都市サンクトペテルブルクを造り始める。

1712年 サンクトペテルブルクを首都と定めてモスクワから遷都。以後、この都を中心に絢爛たる王朝文化が花開き、ロシアは領土を拡大していく。

1714年 サンクトペテルブルクに人類学民族学博物館（p92参照）設立。

ルーシ　これが語源となって「ロシア」という国名が誕生した。

国教　キエフ・ルーシの皇帝がキリスト教の一派、東方正教を国教に選んだ理由は、「イスラム教は酒が飲めないから、酒の飲めるキリスト教にしよー！」といった程度のものだったらしい。

タタールのくびき　タタールはもともとはモンゴル系のダッタン人のこと。ギリシア語の「タルタロス（地獄）」にひっかけて、恐ろしい勢いで攻めてくるモンゴル民族全般を指すようになった。蛇足ながら「くびき」は馬車をひく馬の首にかける横木、転じて「圧制」を意味。

サンクトペテルブルク　「聖ペテロ（ピョートル）の都」の意味。その後、「ペトログラード」「レニングラード」と改名され、ソ連崩壊後再び「サンクトペテルブルク」に戻る。英語ふうに「セントピーターズバーグ」と呼ぶ人もいるが、通は「ピーチェル」と愛称で呼びたい。

１７７６年　モスクワにボリショイ劇場（p84参照）設立。

１８５１年　「赤い十月」チョコレート工場（p15参照）の前身となる菓子屋がモスクワのアルバート通り（p36参照）に誕生。

１８５５年　日露通好条約によって、北方領土（p33、83、１０９、１２５、１４０、１５４参照）とのちに呼ばれる四島が日本の領土に。ここに至るまで、鎖国政策をとる日本に対し、ロシアは気長に交渉を続けていたが、そのすきにアメリカは黒船からの発砲により開国を強要。人のいいロシア人（p１０６参照）は、この頃から新興国アメリカの要領の良さに出し抜かれ、いつも評価されるのはアメリカ人、という役割に甘んじる運命にあった。

19世紀末　この頃、専制政治に対して革命活動が活発化。

１９０５年　サンクトペテルブルクで皇帝に直訴しようとデモ行進していた民衆に軍が発砲、多数の犠牲者を出すという「血の日曜日事件」が起こる。同じ年、日露戦争でアジアの小国日本に負けて、ロシア人は大ショック。皇帝や専制政治に対する民衆の不満が一気に高まる。

１９１４年　第一次世界大戦勃発。ロシアはドイツとの戦いですっかり消耗。

１９１７年　食糧難から「パンよこせ」と婦人たちがサンクトペテルブルクのネフスキー大通り（p71参照）でデモ行進。これが引き金になって「二月革命」起こる。ケレンスキーの臨時政府が樹立し、三〇〇年続いたロマノフ王朝崩壊。そこに満を持して登場したレーニン（p24、28参照）が臨時政府を倒してソビエト政権を樹立。これが世に言う「十月革命」（p66、82参照）。革命前後には詩人マヤコフスキー（p20参照）や芸術家ロドチェンコ（p

気長に交渉　アメリカ使節が最初に日本に国交を求めたのは一八四六年。その八年後には、武力を背景に早くも日米和親条約を結んでしまった。かたやロシアは一七九二年にラックスマンが漂流民大黒屋光太夫を伴って訪れて以来、日本の役人にのらりくらりとはぐらかされつつ、実に六〇年以上かけて条約にこぎつけたのだった。なんと気の長い人たちだ。

ソビエト　もとは「助言」「会議」などの意味。革命時に各地で労働者や農民の代表会議（ソビエト）が組織されたことに始まる。それらのソビエトを束ねる最高ソビエトを頂点としたのが、ソビエト連邦という国なわけだ。ややこしいが。

93参照）らがロシア・アヴァンギャルド（p18参照）なる芸術運動を興す。

1918年 首都がモスクワに戻る。

1922年 ソビエト社会主義共和国連邦成立。世界初の社会主義国として、前代未聞の大実験に乗り出したのだが、レーニンの後がまに収まったスターリンがのちに恐怖政治の道を歩き始める。

1923年 国営航空会社アエロフロート（p58参照）設立。

1929年 国営旅行社インツーリスト（p56参照）設立。

1935年 モスクワの地下鉄（p80参照）第一号が開通。

1936年 スターリンの大粛清が始まる。「国家に対する反逆罪」の名のもとに、次々と無実の人々がシベリアやルビャンカ（p１４６参照）送りに。

1941年 第二次世界大戦始まる。ヒトラーのナチス・ドイツがソ連に侵攻。多大な犠牲者を出したこの独ソ戦をソ連では「大祖国戦争」（p32参照）と呼ぶ。

1945年 第二次世界大戦終結。ドイツに勝利したソ連が、近隣の東ヨーロッパ諸国を次々「解放」（またの名を支配）したことから、東欧も共産圏に入り、以後、アメリカ資本主義とソ連共産主義は対立を深めていく。いわゆる「冷戦時代」の始まり。一方、対日戦にも加わったソ連は、敗戦国日本の捕虜をシベリアに抑留。のちに極寒の地から生き延びてダモイ（帰国：p１３１参照）した抑留者たちは、負の歴史を語り継いでいくことになる。

1953年 やりたい放題のスターリンが、スターリン様式の建物（p47参照）を置き土産にようやく他界し、フルシチョフが共産党第一書記になる。

1954年 KGB：ソ連国家保安委員会（p１４４参照）誕生。

社会主義　皇帝や貴族や金持ちだけが、いい思いをするのはおかしい。人々が皆平等に暮らすためにはどうしたらよいの？……と人類が長年にわたって模索してきたユートピア実現のために、考案された手段のひとつ。土地や生産活動などを社会で共有することで貧富の差をなくそうとしたが、社会を束ねるためにはやっぱり指導者が必要で、指導者はやっぱり権力やお金に目がくらみ、結局新たな特権階級を生み出すことになってしまった。

シベリア抑留　幾多の日本人捕虜が、飢えと寒さと過酷な労働で命を落としたことはよく知られているが、ソ連国内に住む少数民族も同じ浮き目にあっていた。本書に登場するカルムイク民族（p97参照）もスターリンの少数民族弾圧によってシベリアに強制移住させられ、日本人捕虜と苦渋を分かち合った仲だった。

1957年　初の人工衛星スプートニク1号の打ち上げに成功。ソ連はついでライカ犬を、そして61年には宇宙船ヴォストーク1号（p45参照）でガガーリンを宇宙に飛ばし、宇宙開発戦争においてアメリカを大きく引き離す。ガガーリンは森のなかにパラシュートで落ちてきたが、ライカ犬ズビョードチカ（お星さま）は二度と戻ることなく本当にお星さまになってしまった（涙）。

1964年　フルシチョフが追放され、ブレジネフが書記長に。

1970年　大阪万国博覧会で、アメリカ館が「月の石」を目玉にすれば、ソ連館はホンモノの宇宙船を持ち込むなどして対抗し、人気を二分する。

1979年　ソ連がアフガニスタンに軍事介入。これに国際的ブーイングが起こり、アメリカの先導のもとに「モスクワ五輪ボイコット運動」が高まる。

1980年　熊のミーシャをマスコットに、モスクワ五輪開催。西側諸国がボイコットしたにもかかわらず、ソ連は「モスクワ五輪はボイコットの試みの無駄なことをはっきりと示し、国際スポーツ交流の拡大強化に貢献した」と強気。この4年後、ソ連は報復としてロサンゼルス五輪をボイコット。コドモの喧嘩はますます白熱し、ＫＧＢのスパイ戦も佳境に（ｐ１４４参照）。

1982年　同志ブレジネフの死去に伴い、元ＫＧＢ議長アンドロポフが、まさかの書記長就任。スマートな改革派として期待がもたれたが、これからという時に死んでしまわれた。

1984年　チェルネンコ書記長就任。就任した時点ですでに足もとがふらつくご老体だったため、周囲の期待どおりすぐ死んでしまわれた。

1985年　そしてゴルバチョフ書記長就任！　ペレストロイカ（建て直し）と

ガガーリン　人類初の宇宙飛行を成し遂げた人として有名。実はその前にも宇宙に飛ばされた人がいたのに、生還できなかったので闇に葬られたという噂も。また、当時の技術ではガガーリンの落下地点を正確に予測できなかったため、落下したガガーリンが自力で民家にたどり着き、電話を借りて任務遂行を報告したとか。民家がある場所でよかったね。

大阪万博　正式名称「日本万国博覧会」。朝九時の開門と同時に、殺到した群衆がダッシュし、展示物など見向きもせずにスタンプ集めに奔走するさまは、全世界の失笑を買った。アメリカ館を四分で駆け抜けた人あり、ソ連館入場まであと一歩というところで迷子になった子供あり、はたまた農協さんは出征兵士のように送り出されてやってくるわ、「動く歩道」では乗るタイミングがつかめず将棋倒しになる人が続出するわ、よもやこのドン臭い国民が、十数年後に世界経済のトップに立つとは誰も思っていなかった。

モスクワ五輪　共産圏初のオリンピックとしてよりも、西側諸国にボイコットされたことで有名。日本選手団もボイコットを表明し、優勝を期待されていた柔道選手が男泣きしたのも今や語り草である。開催期間中はモスクワの街じゅうに変装したKGBが繰り出し、スタジアムは観客を上回る数の警備員で埋め尽くされた。

1989年
1990年

グラスノスチ（情報公開）を二大柱に掲げて、ソ連大改造に着手。西側のウケはよかったが、アルコール（p120参照）禁止令や経済の混乱（p50参照）により、国民の不評を買う。

特別レート（p50参照）が導入され、闇経済（p8、52参照）を刺激。

グラスノスチによって自由に主張できるようになったことが裏目に出て、民族問題が一気に噴出。5月1日のメーデー行進（p63参照）では、リトアニア独立を叫ぶ声が大っぴらに支持される。共産党の一党独裁は終わり、大統領制と複数政党制を導入。この年、物不足が深刻化するなか、これ見よがしにモスクワにマクドナルド一号店（p53参照）誕生。また人気ロック・アンサンブル「キノー」のカリスマ・ヴォーカリストであり、『僕の無事を祈ってくれ』などの映画にも出演したヴィクトル・ツォイ（p48参照）が28歳の若さで交通事故死。

1991年

共産党の起死回生を狙って、幹部5人組（p69参照）が時代錯誤のクーデターを起こす。休暇中だったゴルバチョフを軟禁し、臨時政府を樹立しようとしたが、エリツィンのもとに結集した民衆パワーが勝利。「八月革命」（p68参照）と呼ばれる。ついにソ連は崩壊し、ゴルバチョフ退陣！　エリツィンが初代ロシア連邦大統領となり、旧ソ連を構成していた共和国が相次いで独立していくことになる。

1992年

『勝手にロシア通信』創刊。ゴルビーの激励を受ける⁉

1993年

エリツィンと最高会議が対立し、モスクワ騒乱（p134参照）起こる。

エリツィンが突然議会を停止したのを受けて、反エリツィン派が最高会議

ゴルバチョフ　ソ連歴代の指導者のなかで、唯一、追放や死去によることなく辞任し得た人物。ゴルビーの愛称で親しまれ、ゴルビー・マトリョーシカ（p38参照）がロシア土産として話題を呼んだ。来日した時は、大阪のおっちゃんたちに「ごーるびぃ〜！」と野太い声援を送られていたのが印象深い。

マクドナルド　「西側の味」のみならず笑顔のサービスが、無愛想（p110参照）に慣れきったロシア人に衝撃を与え、連日の大盛況。一時はマックを真似たハンバーガーもどきが出回ったが、パンも肉も固く、似て非なるシロモノだった。

ソ連崩壊　このあと旧ソ連の12の共和国からなる「独立国家共同体（CIS）」が形成された。ロシア語での略語はСНГ（エスエヌゲー）といい、あまりの響きの汚さがロシア国民の不評を買った。

ビル（通称ホワイトハウス）に立てこもった。この時、調停を買って出て、白旗を掲げてホワイトハウスに乗り込んだのが、カルムイク共和国大統領キルサン・イルムジノフ（p１０４参照）。調停は成らなかったが、「あれは誰だ⁉」と話題になる。結局、エリツィンの命令により軍の戦車がホワイトハウスを砲撃し、エリツィン勝利。年末、ロシア議会の選挙で右翼ジリノフスキー（p64、83参照）が大躍進。以後、派手なパフォーマンスで奇妙な人気を博すようになる。

１９９７年　モスクワ八五〇年祭（p24参照）を記念してマネージ広場地下に豪華ショッピングセンター（p39参照）が誕生。

１９９８年　ルーブル切り下げ（p54参照）で、ただでさえ不安定なロシア経済はパニック状態に陥り、銀行は次々に倒産（p１３７参照）。

１９９９年　大晦日に突如エリツィン大統領辞任。プーチンが大統領代行に任命される。

２０００年　大統領選でＫＧＢ出身のプーチン（47歳）がロシア連邦大統領に。「きゃー！　プーチンさんの歩き方ステキ～！」などとなぜか女性にモテモテ。「強いロシア」を目指す若き大統領の支持率は上々だが、ただの「大きい国」になり果てたロシアを事実上の「大国」とするにはまだまだ問題山積である。ときにプーチンさんは、ソ連・ロシア歴代指導者伝統の「ハゲもじゃ交代政権の法則」にのっとれば、前者の部類に入るのだろうか。
この年、ククラチョフの猫劇場（p１２４参照）が日本初公演。

２００１年　15年間宇宙を漂い続けたソ米宇宙戦争の置き土産、宇宙ステーション「ミール」（p24参照）が地球に落ちてくる。おつとめご苦労さん。

ホワイトハウス　白い建物なので「ベールイ・ドーム（白い家）」の通称があるだけで、別に大統領が住んでいるわけではない。ソ連時代は「ロシア共和国ビル」、ソ連崩壊後は「最高会議ビル」となる。

ロシア大統領選挙　候補者同士が互いにけなし合い、目に余るネガティブ・キャンペーンを展開。それを評して、今やご意見番となったゴルビー、「清く正しい生活をしていない人が卑劣なことをするのも当然です」と余裕で語った。

ハゲもじゃ交代政権　ロシアではハゲや剛毛は男らしさ、強さの象徴とされる。そのためかソ連・ロシアではレーニン以降、見事に両者のタイプが交互に政権をとっているというのは有名な話である。

プーチン大統領　愛犬を抱いたプーチンさん、インタビュアーに「その犬は誰の犬ですか？」と問われ、「ご飯がほしい時は妻の犬、遊びたい時は子供たちの犬、散歩したい時は私の犬です」と犬の本質を巧みに突いた回答を披露し、動物好きのロシア人（p１２２参照）の心をくすぐった。このように、憂鬱な顔で妙にしたたかな名言を吐く男である。

最終回。これでも真面目だ！の巻

歯舞●こないだ読者に「北方領土問題を軽々しく論じるな」みたいなこと言われちゃった。

国後●どうでもいいが、その「みたいな」というのはやめんか。

歯舞●二百海里とかー、地元の人たちの生活とかにー、すごい密着してる問題だしー、茶化さないでもっと勉強してほしい、みたいなー。

国後●ああっ、気持ち悪い！　「とか」というのもやめたまえ！

色丹●勉強はしてるけど、それをそのまま書いたって事実の羅列でしかない。

歯舞●簡単に結論が出せない問題よね。

国後●そこで必要なのがシミュレーションってわけだ。それは妄想と茶化しのオン・パレード……。

色丹●しかしその陰にこそ真実が隠されていると言えるのだ。

国後●賢明な読者諸氏ならば、それをくみとっていただけると私は確信する。

色丹●今までのシミュレーションがベストとは言わない。が、しないよりはまし。

国後●重々しく論じればいいってもんでもないだろうが。

歯舞●新聞に載ってる北方領土問題の記事って、一般の人には興味もってもらえないと思うな。関係ないって感じ。

色丹●だから私たちの場合、笑いながらも前向きに勉強してるわけよ。

歯舞●そうよねー。軽々しくしてるわけじゃないよね。

国後●なのでこんな切り口で論じてほしい、というアイデアがあればどしどし送っていただきたい。　(2001年5月)

読書上の注意　そもそも北方領土問題とは何かと言えば……

「北方領土」とは、北海道沖からカムチャッカ半島沖まで連なる千島列島約30島のうち国後、択捉、歯舞、色丹の通称「北方四島」を指します。

昔々これらの島にはアイヌ民族が住んでおりました。そこへ北からロシア人、南から日本人が進出。1855年の日露通好条約によって北方四島は日本、それ以北はロシアの領土と定められました。以後、国境線は戦争などによって度々変わり、一時は日本が全千島列島を支配。そこに第二次世界大戦が始まり、日本との戦いに手を焼いたアメリカは、日本とは戦わない約束をしていたソ連に、「一緒に日本をやっつけてくれたら千島列島をあげるよん」などと言って仲間に引き入れます。その結果、米ソらに敗れた日本は、1951年のサンフランシスコ平和条約によって千島列島を放棄——。したはずでしたが、この条約にソ連が加わっていなかったり、千島列島の定義が定かでなかったり、戦後日本がアメリカと仲良くなりすぎてソ連の反感を買ったりなどなどで話はこじれ、今なお日露双方が「北方四島は自国の領土」と主張し続けているのです。

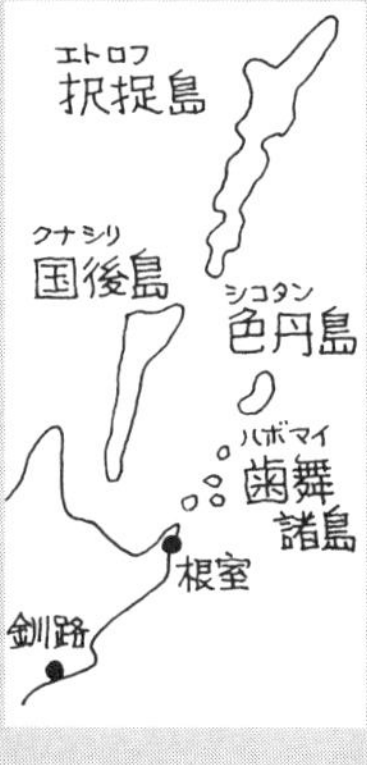

おわりに

「いやー、この単行本作ってる間にも、ロシアときたら地球温暖化会議では暴言を吐くし、未だにスパイ事件は発覚するし、相変わらずやってくれるなー」

「そんなのアリか？　っていうようなプロブレムは多いけど、そこがロシアの面白さなんだよね。伝統あるスットコドッコイ！　愛すべきお調子者」

「でも年々そのロシアらしさが失われつつあるのが残念」

「新生ロシアとなってから、急速に西側化しているからねー」

「そう、はっきり言って物足りなくなった。初めて行った時はまだ日本の昭和三十年代ぐらいだったのに、あっというまに平成まで追いついちゃったっていう感じ。そのパワーはすごいけど、ロシアのアメリカ化は見るにしのびない」

「でもその言葉、そっくりそのまま戦後ニッポンの高度成長にもあてはまるけどね。親日家の外国人が、昔の日本はよかった、って言うように」

「手軽で便利なものに流れてしまうのは人のサガか」

「住んでる人にとっては便利になっていいとは思う。ただ日本人は、とめどなく便利さを追及して舞い上がっちゃうけど、ロシア人て便利になっても地に足がついてる感じがするなー。買いかぶりすぎ？」

「便利なものは取り入れるけど、古くても使えるものはとことん使うよね」

「心強いと思うのは、やはり、何事もできる範囲で自力で解決しようとする精神。何がスゴイかって、お金を使わなくても生きていけるのがスゴイ」

地球温暖化会議　二〇〇〇年一一月、世界主要国が真剣に温暖化問題を議論する席で、「わが国は寒いので、温暖化を歓迎する」とロシア代表は真顔で言った。そういうことじゃないだろ〜。

未だにスパイ事件　二〇〇〇年九月、防衛庁機密漏えい事件が発覚し、機密を入手したと見られるロシア武官が突然帰国。二〇年前の「コズロフ事件」とまるで同じ展開とは、あまりにも進歩がなさすぎる！　また二〇〇一年二月にはアメリカで、FBIスパイ取り締まり部門の幹部が、実は一五年間ソ連・ロシアのスパイだったことが発覚。大物二重スパイ、キム・フィルビーに憧れていたのだそう。

「物不足の時代って十年前だっけ。お金があってもモノがない。そのうち餓死者が出るんじゃないか……と言われて、結局乗り切ってしまった」

「店にモノがなければ自分で作っちゃえ、とか、物々交換すればいいじゃん、とかね」

「ダーチャでせっせと野菜作りをするのは、そりゃ、まずはモノが手に入りにくいという現実があったからかもしれないけれど、なかなか楽しく健康的なレジャーとしても評価されているというか……」

「ダーチャはいいよね〜。ロシアで『なくなってほしくないもの』のトップにあげたい。自分の頭と体を使ってモノをつくるっていう、生活の基礎を身につける場が、都心からそう遠くないところに持てるなんてうらやましい」

「資本主義経済にどっぷりつかってると、お金がないと何もできないと思ってしまうが、彼らロシア人にとってはお金の前にモノや暮らしありき」

「そもそもお金というものが何のために発明されたかを思い出させてくれた。マネーゲームなどという発想を受け入れられる世の中って間違ってる」

「お金があってもお金そのものは食べられない、っていうあたりまえのことをロシア人は身をもって知ってるよね。それは社会主義時代を経験したからなのか、それ以前からのものなのか」

「あと、どこに行けば何が手に入るか、という情報が、すぐに口コミで広まる。日本でも昔はちゃんと口コミが機能してたはずなのに」

「なんでも他人まかせ機械まかせにしてしまったおかげで、とっても簡単なことまで、面倒な手続きを踏まなければいけなくなってない？」

「物々交換とか口コミとか、原始的で劣ってると思われがちだが、そーかー？」

ダーチャ　日本語に訳すと「別荘」だが、日本でいう別荘とは少し違う。菜園つきの郊外の家といった感じで、都市に住む庶民たちの多くがダーチャを持ち、畑仕事にいそしんだり、バーベキューをしたりなどして週末を過ごす。

ダーチャを自分で建てよう！家づくりの本まで売られていたのはさすがロシア。

畑でとれた作物が余ったら、街なかで勝手に店を広げて売るのはロシアの常識。

「人が直接手を下してやることは原始的ってカンジ？　でも、まだまだ人間ほど、あらゆることに臨機応変に対応できる機械ってないからねー。機械の目指すところは人間の能力だもん」

「そうそう。アナログ、イコール遅れてる、っていう西側的認識には疑問を感じる。便利なものがなければないで、今までみんなやってきたんだし、なくてもできるということのほうが高度な技に思える」

「思えば『勝手にロシア通信』も、手貼り切り貼りコピー印刷。アナログの職人芸にこだわってきましたなー」

「なのに『パソコンで作ったんでしょ？』って言う人もいて『手作りですよ』と言うとビックリされた。で、必ず続けて『パソコンなら簡単なのに』って言われるんだよね」

「それじゃ〝味〟が出ない、ってことが、なかなかわかってもらえない」

「機械に頼らずお金はかけずに手間暇かける。これもロシアに学んだっていうか、ロシアを知ることによって、我々は間違ってはいなかった！　との認識を新たにした」

「よくよく考えるとロシアってまともじゃん。先進国のほうが絶対ヘン。なんかお金や時間の使い方が本末転倒なんだよね。けったいな通販マシンでエクササイズしてるＣＭ見ると、そんなに鍛えたきゃ、週末は畑を耕せ！　って言いたくなるよ」

「野菜もとれて一石二鳥！」

「やっぱり理想はダーチャのある暮らし」

「そう！　これからはサバイバル能力の問われる自給自足の時代だっ！」

二〇〇一年五月

西側　死語となりつつある言葉のひとつ。ロシア・東欧などの共産圏＝東側に対し、アメリカ・西欧などの資本主義圏のことをかつてこう称したことを、やがて懐かしく思う日も来るであろう。

幻の「勝手にロシア通信」創刊号。

「勝手にロシア通信」編集部

ロシア好きのライター、デザイナー、イラストレーターからなるユニット。1992年「勝手にロシア通信」創刊。現在7号まで刊行。別冊に「謎の国・北朝鮮を行く」「板門店観光」。

ロシアの正《ただ》しい楽《たの》しみ方

2001年6月21日初版第1刷発行
2004年6月 1日初版第3刷発行

著　者●「勝手にロシア通信」編集部
発行者●蔵前仁一
発行所●有限会社旅行人
〒178-0063 東京都練馬区東大泉3-3-10 きのえビル501
TEL.03-5933-2771／FAX.03-5933-2778
http://www.ryokojin.co.jp/
郵便振替：00140-9-664324／旅行人
印刷所●壮光舎印刷
本文デザイン・イラスト＝「勝手にロシア通信」編集部
装幀＝旅行人編集室

ISBN4-947702-36-2 C0026

【本文用紙】オペリスク45.5kg　【カバー】パールコート110kg
【見返し】タントA色100kg　【表紙】サンカード19.5kg　【帯】パールコート110kg